Illustré par

Daniel Balage, Liliane Blondel, Danièle Bour,
Jean-Philippe Duponq, Jacques Rozier et Monique Gaudriault,
Donald Grant, Florence Helmbacher, Gilbert Houbre, Nathalie Locoste,
Agnès Mathieu, Claude et Denise Millet, Sylvaine Pérols,
Jean-Marie Poissenot, Aline Riquier, Pierre-Marie Valat, Diz Wallis.

Ecrit par

Chantal Henry-Biabaud
et Dorine Barbey, Martine Beck, Roger Diévart.

Conseil éditorial :
Brigitte Boucher, médecin nutritionniste.

Autres titres déjà parus dans cette collection :

La terre qui nous nourrit
De quoi sont faits les objets familiers?
Notre planète dans l'univers
La vie des animaux
Les enfants du monde
Explorer la nature
Les bêtes qui nous entourent
Les animaux sauvages
Les métiers des hommes
D'inventions en découvertes

ISBN : 2-07-035909-3
© Editions Gallimard, 1991
Dépôt légal : septembre 1991
Numéro d'édition : 50491
Imprimé à la Editoriale Libraria en Italie

Découvrir notre corps

Gallimard

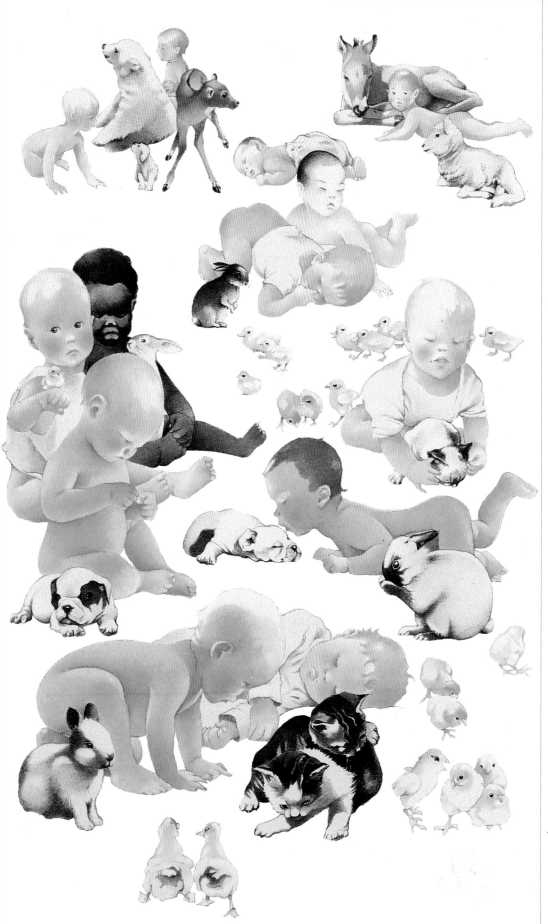

Petits ou grands, gros ou maigres, jeunes ou vieux, blonds, roux ou bruns, blancs, jaunes ou noirs, beaux ou laids, nous sommes tous fabriqués sur le même modèle.
Nous avons une tête avec des cheveux, deux yeux, deux oreilles, un nez, une bouche, un tronc avec deux bras et deux jambes, un corps soutenu par une colonne vertébrale qui nous permet de nous tenir debout.
Ce n'est pas un hasard si nous sommes tous ainsi semblables : comme toi, nous sommes tous des êtres humains.

Il est impossible de confondre un être humain avec un animal ou une chose :
tu ne t'es sûrement jamais trompé et tu as toujours su reconnaître la différence entre un enfant, un chien et une balle de ping-pong !

Les enfants naissent tous de la même manière.

Chaque année on fête le jour de ta naissance : c'est ton anniversaire!

Les bébés, qu'ils soient jaunes, noirs ou blancs, naissent tous de la même manière : du ventre de leur maman. Mais ils sont tous différents les uns des autres : chaque enfant est unique.

Dans le monde, il naît deux cent cinquante bébés chaque minute. Tous les enfants viennent d'un papa et d'une maman, et les parents, eux aussi, sont nés du ventre de leur mère.
Comme nous, les animaux ont besoin d'un papa et d'une maman.

Comment naissent les animaux?

Pas tous de la même manière.
Certains éclosent d'un œuf que leur mère a pondu.
L'œuf contient une réserve de nourriture qui permet au petit de se développer dans la coquille. Tous les oiseaux pondent des œufs, mais aussi les poissons, les grenouilles, les reptiles comme la tortue.

Une petite tortue sort de son œuf. Sa mère, une fois ses œufs pondus, s'en va et ne s'en occupe pas.

Les œufs de la coccinelle et des autres insectes sont tout petits, très nombreux, et fragiles. Beaucoup sont détruits avant leur éclosion.

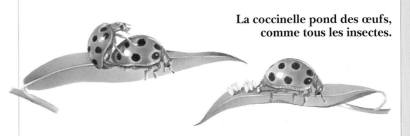

La coccinelle pond des œufs, comme tous les insectes.

Chez d'autres animaux, le petit se forme à l'intérieur du ventre de la femelle,

comme chez les humains, à l'intérieur du ventre de la femme.
Tu as sûrement déjà vu des chiots ou des chatons qui tètent leur mère : tous ceux qui sont nourris au début de leur vie par le lait de leur mère font partie comme toi du grand groupe des mammifères.

Quand un homme et une femme s'aiment, ils sont heureux d'être tous les deux, de parler, de s'embrasser, de faire des projets.
Ils ont envie de vivre ensemble et d'avoir un ou plusieurs enfants.

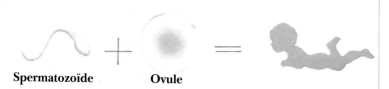

Spermatozoïde   **Ovule**

On dit souvent que le papa met une graine dans le ventre de la maman. En fait, le papa donne un spermatozoïde, et la maman un ovule : cela devient un bébé.

C'est lorsque les parents font l'amour qu'ils peuvent avoir un bébé : le sexe de l'homme entre dans celui de la femme et y dépose un liquide, le sperme. Le sperme contient des millions de spermatozoïdes, mais un seul d'entre eux va réussir à s'introduire dans l'ovule logé dans le ventre de la maman.

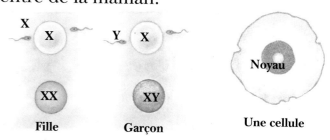

X   X   Y   X   Noyau

XX   XY

Fille   **Garçon**   **Une cellule**

C'est la fécondation.
La première cellule ou œuf se forme et c'est le premier jour de la vie du futur bébé!

8

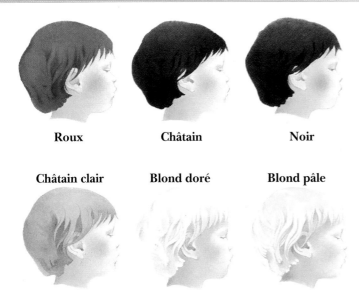

Roux   Châtain   Noir

Châtain clair   Blond doré   Blond pâle

Au centre de cette cellule, dans le noyau, il y a déjà toutes les caractéristiques du nouveau bébé.

Elles sont inscrites sur de minuscules bâtonnets : les chromosomes. Ils sont formés de milliers de gènes. Ce sont eux qui gardent en mémoire les informations transmises par les parents.

Il y a des gènes pour tout : couleur de la peau, des yeux et des cheveux, pour la taille, la forme de l'oreille… Voilà pourquoi tu as les yeux bleus comme ta maman ou le nez en trompette comme ton papa.

Est-ce une fille ou un garçon?

Le hasard l'a déjà décidé, mais nous ne le savons pas encore!

Le chromosome qui détermine le sexe du bébé est toujours en forme de X dans l'ovule. Il peut être en forme de X ou de Y dans le spermatozoïde.

Si l'ovule rencontre un chromosome paternel X, cela donne une cellule XX. Le bébé sera une fille. Si l'ovule rencontre un chromosome Y, cela donne une cellule XY, ce sera un garçon.

Pourquoi des jumeaux?

Il arrive que la maman produise deux ovules. Si deux spermatozoïdes fécondent les deux ovules, deux bébés vont se développer en même temps. Ce sont de faux jumeaux, ils peuvent être de sexes différents.

Plus rarement, l'ovule fécondé se divise en deux œufs identiques : ce seront de vrais jumeaux, toujours du même sexe, et ils se ressembleront beaucoup. L'œuf a besoin de neuf mois pour se développer dans l'utérus, un muscle très souple dans le ventre de la maman, qui s'étire au fur et à mesure que le bébé grandit.

Il y a parfois trois, quatre, cinq, six bébés… mais c'est plus rare!

Ces neuf mois s'appellent la grossesse.

Dans l'utérus, le futur bébé est entouré par une poche pleine d'eau, complètement fermée. Il est relié par un cordon, le cordon ombilical, au placenta, sorte d'éponge, qui est aussi relié à la maman.

A un mois, l'œuf est petit comme une lentille.
A ce stade on l'appelle embryon.
Le cœur commence à battre à six semaines.

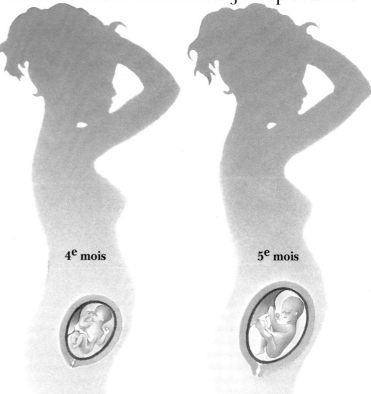

Les vrais jumeaux sont dans la même poche et ont un placenta pour deux.

Grâce au placenta, la maman nourrit le fœtus.

C'est à travers lui que passe le sang qui apporte la nourriture dont le fœtus a besoin. Ce dont il n'a plus besoin, il le renvoie aussi par le placenta. Une maman qui attend un bébé se fatigue plus facilement, avant même que son ventre ne grossisse.

Comment se développe l'embryon dans le ventre de la maman?

A deux mois, il est déjà gros comme une noix! Sa tête et ses membres sont apparus comme des bourgeons. Les doigts des pieds et des mains se forment. Ses oreilles sont dessinées, ses yeux sont recouverts d'une paupière.

Les faux jumeaux sont dans deux poches distinctes et ont chacun un placenta.

A trois mois,

l'ancien embryon s'appelle un fœtus (il faut prononcer «fétusse»). Il mesure sept centimètres et ressemble à un bébé en miniature. Il fait ses premiers mouvements et il avale.

A quatre mois,

il dort beaucoup dans la journée tandis que sa maman s'agite. Le soir, lorsqu'elle s'allonge, il en profite pour bouger et faire un peu de gymnastique.

A cinq mois,

le fœtus cherche sans arrêt une position confortable. La maman sent bien les mouvements du bébé.
Ses cheveux poussent. Il suce son pouce. Certains bébés naîtront avec le pouce déformé car ils le sucent déjà trop souvent!

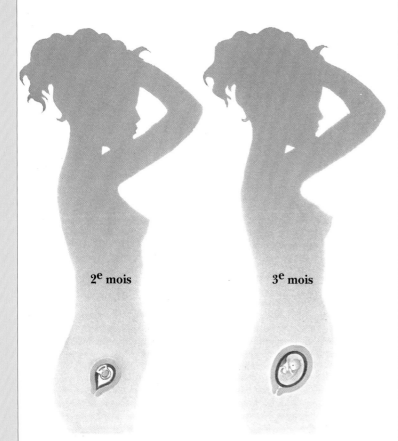

2ᵉ mois   3ᵉ mois   4ᵉ mois   5ᵉ mois

A six mois,

le fœtus pèse un kilo.
Quand il boit trop, il a le hoquet, et sa maman le sent! Il fait pipi. Ses ongles poussent. Sa peau, qui était très fine, commence à s'épaissir. Il devient de plus en plus gros et doit se rouler en boule car il commence à être à l'étroit! Les sons lui parviennent, assourdis par la bulle d'eau dans laquelle il baigne, mais un cri perçant peut le faire sursauter.

A sept mois,

il ouvre les yeux. Il est bien habitué aux bruits du ventre de sa maman, aux battements de son cœur, à sa voix. Il bouge beaucoup, donne des coups de pied et de poing, il n'a plus beaucoup de place.

Le fœtus (1), le placenta (2) et la poche des eaux (3) se trouvent dans l'utérus (4), Cordon ombilical (5).

A huit mois,

il a tant grossi qu'il ne peut plus faire de galipettes! Il peut déjà sentir les goûts avec sa langue minuscule. Tout est prêt, il va seulement prendre encore un peu de poids pour être un beau bébé. Un jour il se retourne, la tête en bas.

A neuf mois,

il pèse environ trois kilos. Il peut sortir.

Le bébé naît habituellement après neuf mois de grossesse. Parfois il naît plus tôt. S'il naît avant huit mois, on dit qu'il est prématuré. Il n'a pas eu le temps de finir de grossir et il est fragile. Ses poumons ne sont pas tout à fait formés. On met les prématurés dans des couveuses, petits berceaux chauffés où ils sont surveillés très attentivement.

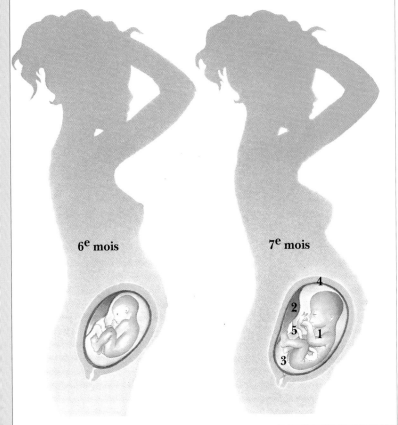

6e mois   7e mois

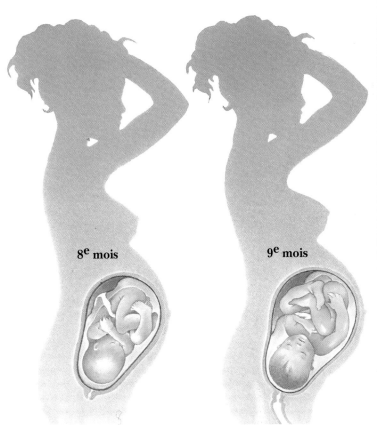

8e mois   9e mois

La naissance : un moment qu'on n'oublie pas!

Le jour de la naissance

Un jour, quand le moment de la naissance est arrivé, la maman sent dans son ventre des crampes douloureuses : celles-ci poussent le bébé vers l'ouverture de l'utérus. On dit que la maman va accoucher. Le crâne du bébé sort en premier par le sexe de la mère. Puis le visage, les épaules, et enfin tout le reste du corps suivent. C'est merveilleux. Un bébé est né! Le médecin, ou la sage-femme, le pose doucement sur le ventre de la maman…

Quel bouleversement!

Le bébé a quitté son nid liquide et découvre l'air et la lumière. Il pousse un cri et prend sa première respiration. Le cordon ombilical ne sert plus à rien, on le coupe mais cela ne fait pas mal. Maintenu debout, le bébé lève déjà les pieds comme pour marcher.

On attache au poignet de la maman et du bébé un bracelet avec le même numéro pour ne pas se tromper car, à la maternité, il y a beaucoup d'autres bébés!

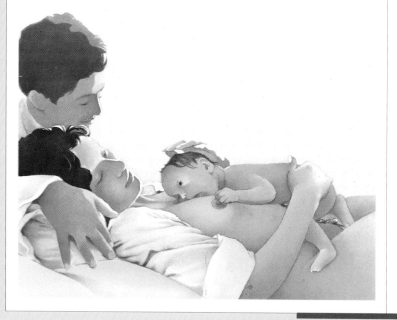

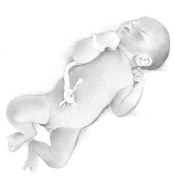

Il y a un petit espace plus fragile entre les os du crâne : la fontanelle.

Le cordon ombilical va bientôt tomber.

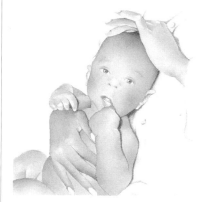

Le bébé qui vient de naître est tout petit, et pourtant il prend déjà une très grande place dans la vie de ses parents!
Dès qu'il est né, ils lui donnent un ou plusieurs prénoms.

Connais-tu tous tes prénoms?

Sais-tu pourquoi tes parents t'ont appelé ainsi? Selon les pays, les coutumes sont différentes.
En Thaïlande, le bébé ne reçoit son prénom qu'à un mois! Avant, ses parents l'appellent Nou, ce qui veut dire petite souris. Ensuite, ils lui donnent un prénom qui rappelle le jour de sa naissance.
Au Cachemire, les enfants ne reçoivent un prénom qu'à quatre ou cinq ans!

Le bébé sait tout de suite téter le sein de sa mère pour boire son lait.

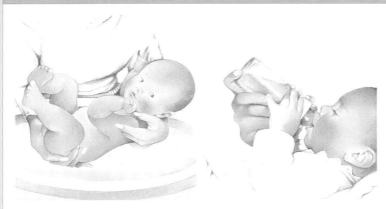

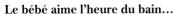

Le bébé aime l'heure du bain…   … et le lait de son biberon.

Il voit mieux ce qui est tout près. Il dort presque tout le temps.

Le bébé a très souvent faim, jour et nuit,

car, avant la naissance, il était nourri en permanence par le cordon ombilical.
Il pleure pour le faire savoir! Les premières semaines, il prend un repas toutes les trois heures environ. Peu à peu, il sera capable de prendre des repas plus nourrissants, et d'attendre plus longtemps entre chaque tétée, ou chaque biberon.

Il aime le contact chaud et rassurant de sa mère ou de son père. Il reconnaît leur voix et leur odeur.
Il a besoin de leur amour et de leurs caresses. C'est grâce à eux qu'il apprend à communiquer avec le monde extérieur.
Mais il déteste les mouvements brusques qui le font sursauter!

Au bout de quelques jours, le reste du cordon ombilical tombe en laissant une petite cicatrice : le nombril.
Le bébé ne voit pas encore bien : il distingue les formes et surtout les objets qui sont dans la lumière.

La prise de poids d'un bébé est très importante.

Les premiers temps, on le pèse tous les jours pour surveiller de près son développement.
Il prend environ trente grammes par jour pendant les deux premiers mois.
Au bout de quelque temps, il n'est pesé que toutes les semaines, puis tous les mois ensuite. Un bébé grossit vite. Mais s'il ne prend pas de poids ou en perd, c'est généralement le signal que quelque chose ne va pas bien.

Chaque maman du monde a sa façon de porter son bébé!

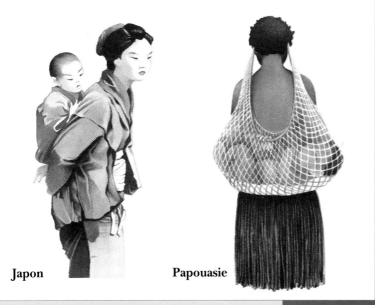

Japon   Papouasie

Laos   Afrique

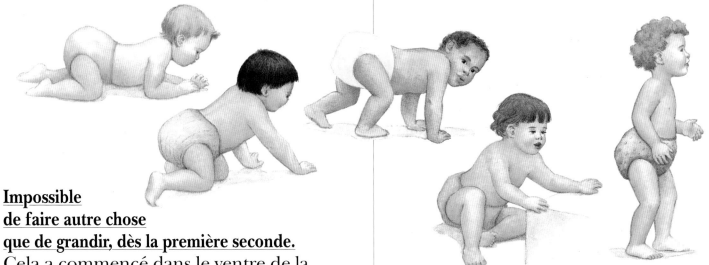

Impossible
de faire autre chose
que de grandir, dès la première seconde.
Cela a commencé dans le ventre de la maman : embryon, fœtus. Puis le nouveau-né devient nourrisson, ensuite enfant, adolescent, et enfin adulte.
Ces chaussures achetées il y a deux mois sont déjà trop petites? Ce pantalon tout neuf t'arrive au mollet? Tu as grandi! Autour de toi, les arbres, les fleurs, les animaux grandissent aussi.
Depuis la première cellule, les cellules de ton corps se sont multipliées. Elles ont formé les tissus.

Les tissus se sont organisés et différenciés en organes.

Chaque cellule a un programme : grandir.

Le déroulement de ta croissance est aussi inscrit dans les gènes de tes chromosomes. Une moitié venant de ton papa et une moitié de ta maman, cela explique que tu seras peut-être grand comme ton papa ou que tu auras plutôt la même taille que ta maman! Tes cellules se transforment, celles qui sont trop vieilles sont remplacées par de nouvelles. D'abord, tu prends du poids et des centimètres. Tu deviens plus habile, tes sens se développent, tes os se durcissent. Chaque organe, chaque partie du corps se développe selon son propre rythme. Il survient de petits décalages : des pieds trop grands par rapport au reste du corps, de grosses dents dans une petite mâchoire. C'est normal. Tout rentre ensuite dans l'ordre.

Un dernier grand changement

C'est l'adolescence, le passage à l'âge adulte. En quelques années, le garçon devient un homme, et la fille, une femme, capables à leur tour d'avoir des enfants.

Des petites usines chimiques pour grandir

Des petites glandes très importantes libèrent dans le sang des substances appelées hormones, qui contrôlent ta croissance et travaillent beaucoup au moment de la puberté.

Celle-ci a lieu entre dix et seize ans pour les filles, entre douze et quatorze ans pour les garçons.

Alors le corps se modifie sous l'action des hormones.

La personnalité s'affirme. Ce n'est pas toujours facile d'être à l'aise dans ce corps qui change vite. Mais, comme la plante a besoin d'eau et de soleil, l'adolescent a besoin de ses parents pour s'épanouir.

Pour construire une belle maison, il faut de bons matériaux.

Pour bien grandir, il te faut une alimentation équilibrée et des vitamines, éléments indispensables à ta croissance.
Et puis, il faut beaucoup d'attention et d'amour de la part de ceux qui t'entourent.

Les grandes personnes ne grandissent plus.

Elles changent doucement, puis, longtemps après, comme une voiture fatiguée, le moteur s'arrête : elles meurent. Mais, leurs enfants grandissent, se marient, ont des bébés et la vie continue.

Un grand voyage : la digestion.

Pour que ton corps vive, s'organise, se construise, il y a différentes usines qui se partagent le travail. L'une d'elles est l'appareil digestif.

Tu manges pour te donner des forces mais il faut que l'appareil digestif transforme en particules les aliments et les boissons que tu avales, afin qu'ils puissent passer dans le sang.

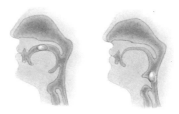

Lorsque tu avales, l'épiglotte ferme l'entrée de la trachée pour que les aliments n'aillent pas dans les poumons.

L'appareil digestif est comme un grand tube qui va de la bouche à l'anus. Il mesure environ sept mètres de long, c'est-à-dire plus de vingt-huit fois la hauteur de cette page!

Comment se passe la digestion?

D'abord, tu mâches bien pour réduire ce que tu manges en bouillie. Puis tu avales : les aliments descendent l'œsophage, sont mixés en particules très fines dans l'estomac où des sucs digestifs très acides rendent cette bouillie encore plus liquide. Elle gagne l'intestin grêle, qui trie ce qui est utile et ce qui ne l'est pas. L'utile passe dans le sang à travers la paroi intestinale, grâce aux vitamines, et va nourrir les cellules. Le sang fait sa provision de tout ce qui sert à construire ton corps.

Il passe par le foie, véritable petite usine qui transforme ces aliments en minuscules particules pour ensuite les donner aux cellules.

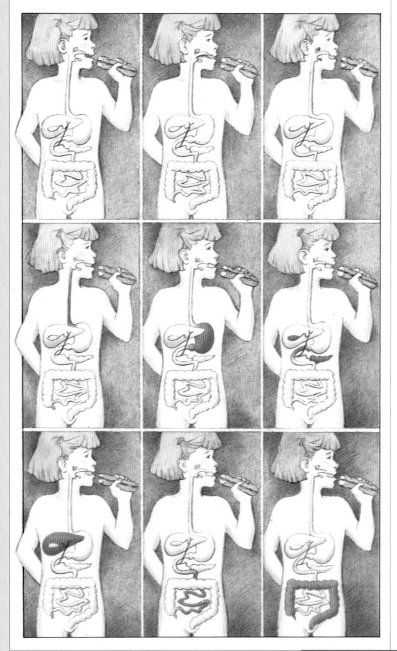

Œsophage

Foie

Estomac

Intestin grêle

Gros intestin

Appendice

Système digestif vu de dos

As-tu parfois mal au ventre?

Puis le sang se charge des déchets et passe dans les reins où il est filtré. Il en résulte les urines. L'inutile est évacué par le gros intestin et l'anus en allant aux cabinets : ce sont les selles.

L'appareil digestif travaille jour et nuit, il ne s'arrête jamais.

Le foie déverse dans l'intestin un liquide qui sert à digérer : la bile.

Mal au cœur ou mal au ventre?

La digestion est quelque chose de très compliqué, aussi y a-t-il beaucoup de raisons d'avoir mal au ventre!

Si tu as trop mangé, tu as des nausées : c'est une indigestion.

Si tu as avalé un microbe, ou un aliment qui n'était pas frais, tu as une intoxication alimentaire. Ton estomac refuse cette nourriture, se contracte très fort et renvoie tout par le haut : tu vomis. Parfois aussi ton intestin réagit et se contracte très vite pour évacuer ce mauvais déjeuner vers le bas : tu as la diarrhée.

Quand tu dis : «j'ai mal au cœur», c'est ton estomac qui se manifeste. Ton cœur n'a rien à y voir.

Si c'est un virus, tu souffres de gastro-entérite. Tu peux aussi avoir mal au ventre parce que tu es anxieux, ou contrarié.Si tu n'as pas bu assez d'eau, tu risques d'être constipé, cela fait très mal. Quelques pruneaux, du pain complet, des céréales, du son de blé et de l'eau, et tout rentre dans l'ordre.

Une crise d'appendicite

Cela arrive quelquefois : le petit appendice situé en bas du gros intestin s'infecte. Il faut alors l'enlever. Cette petite opération n'est pas grave du tout.

Des visiteurs indésirables

Parfois, des vers viennent se promener dans ton ventre : des petits comme les oxyures et des plus gros comme le tænia. Des médicaments appelés vermifuges te débarrassent vite de ces intrus! Il faut aussi se couper les ongles, car les œufs des vers se logent dessous lorsqu'on se gratte et risquent de contaminer toute la famille.

Elles sont jolies, mais surtout utiles. Elles servent à mordre, à grignoter, à couper, à saisir, à déchirer, à rogner, à broyer… à manger! Les animaux portent souvent leurs petits entre leurs dents.

Les dents n'ont pas toutes la même forme ni le même rôle.

Les incisives sont coupantes comme des ciseaux. Les canines sont pointues. Elles déchirent les aliments. Les molaires sont larges et plates. Elles servent à mastiquer.

La bouche est une drôle de caverne : au-dessus se trouve le palais, et, au fond, la luette. La langue roule la nourriture et l'envoie au fond de la gorge.

De petits os bien plantés.

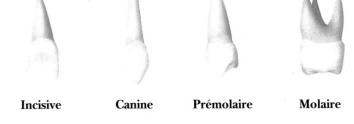

Incisive   Canine   Prémolaire   Molaire

Les dents sont vivantes.
Elles n'en ont pas l'air, mais ce sont de petits os.

Les dents sont fixées sur les os des mâchoires. Le maxillaire supérieur est immobile, celui du bas, mobile.

Comment sont faites les dents?
Ce que tu vois est l'émail (1). Blanc, brillant, plus dur que l'os, il protège ta dent contre les chocs, le froid, le chaud et tous les microbes qui séjournent dans ta bouche.

En dessous, l'ivoire (2) abrite la pulpe (3), un tissu mou où circulent les vaisseaux (4) qui nourrissent ta dent et les nerfs (5) qui, malheureusement, te font parfois souffrir.

Comme un arbre planté en terre, ta dent s'enracine dans la gencive (6) et se loge dans l'os des deux maxillaires.

La partie extérieure s'appelle la couronne, la partie invisible la racine.

La bouche

C'est avec les incisives, placées juste sur le devant, que tu croques une pomme.

Tous ces aliments sont très bons pour tes dents :
l'eau, le poisson, le thé, les amandes, le lait, le fromage, les œufs, qui contiennent du calcium, les fruits frais et les légumes, qui contiennent de la vitamine C.

Dents de lait… et dents définitives.

Les premières dents

En général un bébé n'a pas de dents à la naissance. Il paraît que Louis XIV était né avec une dent! Mais c'est très rare.

Vers six mois, les petites joues du bébé sont rouges. Il pleure souvent, il bave beaucoup. Sa première dent apparaît : une incisive du bas. On dit que le bébé «perce une dent». Cela fait mal car la dent, en effet, perce la gencive. Le bébé est grognon, parfois il a même de la fièvre.

1. Incisives pour couper et trancher

2. Canines pour couper et arracher

3. Prémolaires pour mâcher et broyer

4. Molaires pour mâcher et broyer

5. Dents de sagesse

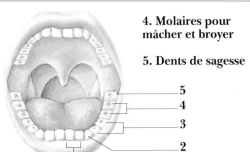

Les incisives du bas sortent d'abord, puis celles du haut. Ensuite apparaissent les canines, puis les molaires.

A deux ans et demi, l'enfant possède vingt dents. On les appelle dents de lait. Entre l'âge de six et onze ans, les dents de lait tombent, poussées par les dents définitives. Cela ne fait pas très mal. Elles s'en vont d'elles-mêmes.

Des dents pour toute la vie

Au-dessous de chaque dent de lait se trouve une dent de remplacement, prête à sortir.

La radiographie montre ce que les yeux ne peuvent voir : la dent définitive pousse en cachette sous la dent de lait.

Les grosses molaires du fond, appelées dents de sagesse, sont les dernières à apparaître, vers dix-huit ans, parfois plus tard. Certaines personnes n'en ont jamais!

Un adulte a trente-deux dents : huit incisives, quatre canines, huit prémolaires, douze molaires.

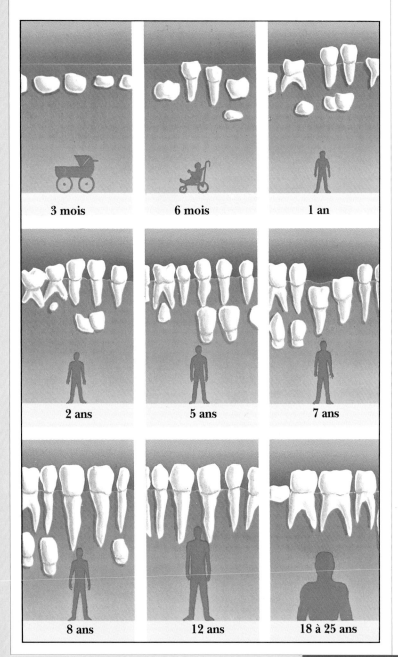

3 mois

6 mois

1 an

2 ans

5 ans

7 ans

8 ans

12 ans

18 à 25 ans

Prends bien soin de tes dents!

Il y a très longtemps, les hommes se servaient beaucoup plus de leurs dents que nous.

Leurs dents étaient très solides, ils dévoraient la viande crue. Ils ne mangeaient pas de sucre.

Voici comment le dentiste soigne une carie.

Comment soignait-on les dents autrefois?

Il n'y avait pas de dentiste, mais un arracheur de dents qui travaillait dans les foires au son de la musique pour couvrir les cris des malades.
Maintenant tu vas chez le dentiste.

Quand faut-il aller chez le dentiste?

Deux fois par an pour s'assurer que tout va bien, ou lorsque la dent est sensible au chaud ou au froid : cela signifie qu'une carie est en train de se former. Si la pulpe est attaquée, on peut avoir très mal. C'est une rage de dents.

Pour que tu n'aies pas mal pendant les soins, le dentiste fait souvent une piqûre qui rend la dent insensible.

Que préfères-tu?
Un bol de lait, trente grammes de gruyère ou un chou de un kilo?
Il y a autant de calcium dans les trois!

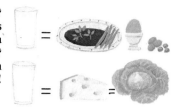

Comment faut-il se brosser les dents?

Frotte tes dents de la gencive vers l'extrémité des dents, devant et derrière, pendant au moins trois minutes, le temps d'un sablier.
Rince-toi la bouche plusieurs fois. Se brosser les dents matin et soir, c'est bien, après chaque repas, c'est idéal. Cela évite que les microbes se déposent et attaquent l'ivoire.

Les dents comme les os croissent jusqu'à l'âge de dix-huit ans. C'est pourquoi il faut veiller à leur apporter une bonne nourriture.

N'imite pas l'écureuil! Tes dents n'y résisteraient pas!

Couper du fil avec les dents, croquer des glaces..., c'est très mauvais pour les dents.

Le sucre : le grand ennemi des dents

Avec la salive, le sucre se transforme en acide qui attaque l'émail et provoque des caries. Le soir, après avoir brossé tes dents, ne suce plus de bonbons !

Que dois-tu manger?

Pour bien grandir, il faut manger de tout tous les jours.

Tu ne peux pas vivre en mangeant toujours les mêmes aliments : par exemple des croissants et du soda.

Les savants ont montré que les repas d'une journée doivent apporter au moins un aliment de chacun de ces six groupes, sans oublier dix verres d'eau.

La viande, le poisson, les œufs (1), les laitages (4) servent de matériaux de construction.

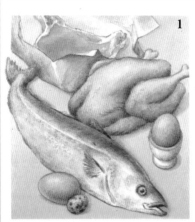

Grâce à eux, tu grandis et tu élabores ta matière vivante. Ces aliments sont indispensables au développement de ton corps.
La viande apporte du fer pour les muscles et les os.
Le poisson apporte des acides gras essentiels et des minéraux comme le magnésium et le phosphore.
Les laitages nous donnent du calcium pour les os.
Pendant ta croissance, tu construis ton corps et tu as besoin de beaucoup de vitamines pour bien grandir. Il y en a beaucoup dans les fruits et les légumes (3).

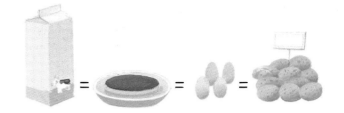

Dans un litre de lait, il y a autant de protéines que dans un bon bifteck, quatre œufs ou un kilo et demi de pommes de terre.

Une partie des aliments que tu manges est utilisée comme carburant :

les sucres (6), les graisses (5) fournissent l'énergie nécessaire au bon fonctionnement

de ton corps. Mais il ne faut pas en abuser. Les céréales, légumes secs, féculents (2) t'apportent aussi une excellente énergie qui se diffusera tout au long de la journée.

Les besoins sont différents pour chacun.

Un homme, une femme, un enfant n'ont pas besoin de la même quantité d'aliments chaque jour.
Si tu joues dans un match de football, tu auras besoin de plus de nourriture que si tu passes ton après-midi devant la télévision.

A quoi servent les aliments?

Notre corps est composé d'environ 70% d'eau. Il est donc très important de boire de l'eau tous les jours : environ un litre et demi, soit dix verres d'eau.

Le petit déjeuner est très important pour bien commencer la journée.

Il te faut certains aliments, mais aussi en quantité suffisante. Quel que soit le pays où tu habites, tu devrais prendre du lait, ou un laitage, des céréales ou des tartines, un fruit ou un jus de fruits pour les vitamines. Ton corps ne sait pas fabriquer ces vitamines indispensables.

Chaque vitamine a un rôle spécial.

La vitamine A est nécessaire à la croissance des cellules, à la pigmentation de tes yeux, elle est bonne pour la peau et pour les muqueuses. Il existe plus de douze vitamines B. Elles permettent le bon fonctionnement des nerfs, des muscles, de l'appareil digestif. Elles sont utiles pour la fabrication des globules rouges, pour l'assimilation du sucre.

La vitamine C, détruite à la cuisson, aide à lutter contre les infections et agit sur les tissus et les cellules.

Sans vitamine D, tes os seraient mous, tes dents fragiles.

Elle permet le développement normal du squelette et l'utilisation par notre corps du calcium et du phosphore.

La vitamine E aide à bien vieillir, à avoir des tissus en bon état, et la vitamine K joue un rôle dans la coagulation du sang.

Vitamine A : dans le foie, le jaune d'œuf, le beurre et le lait.

Vitamine B : dans les abats, le jaune d'œuf, le lait, la viande, les céréales, les légumineuses, les fruits.

Vitamine C : dans les agrumes, les kiwis, les pommes de terre et les légumes.

Vitamine D : dans le foie, le jaune d'œuf, le beurre, les fromages gras et les poissons gras.

Vitamine E : dans le lait, les huiles végétales, le germe de blé, les légumes verts.

Vitamine K : dans le foie, les œufs, la viande, le persil, les épinards et le chou-fleur.

Depuis ta naissance, tu respires...

Lorsque tu es né, ton premier mouvement a été de prendre une grande bouffée d'oxygène et de commencer à respirer.

Ce fut ton premier cri. Et, depuis, tu respires. Il est impossible de s'arrêter plus de quelques instants. Sinon on devient tout bleu et on étouffe! Le système respiratoire est une autre grande usine de notre corps. Il nous est indispensable, de même que l'oxygène de l'air nous est indispensable pour vivre.

L'appareil respiratoire est comme un arbre à l'envers.

Le tronc serait la trachée, les grosses branches seraient les bronches, les petites branches, les bronchioles, et les feuilles, les alvéoles. Celles-ci sont comme des ballons très fins.

L'air entre par le nez et la bouche. Dans le nez, des poils retiennent au passage saletés et microbes.

Quand il fait froid, ton haleine fait un nuage de vapeur d'eau car l'air que tu souffles est plus chaud que l'air extérieur.

Dans les alvéoles, air et sang ont rendez-vous. Le sang prend l'oxygène de l'air et se débarrasse de son gaz carbonique et de ses déchets, qui repartent dans l'air que tu expires.

Comment parles-tu?

Au fond de ta gorge, il y a une «boîte à voix». Ce sont les cordes vocales.

L'air que tu respires passe sur elles : elles vibrent alors et produisent un son, comme les cordes d'une harpe vibrent quand on les touche.

Les poumons se chargent d'oxygène.

Quand tu inspires, la poitrine se gonfle. Quand tu expires, la poitrine se dégonfle. La respiration se fait en deux temps.

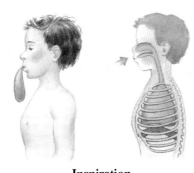

Inspiration

Les mouvements respiratoires sont involontaires mais tu peux volontairement inspirer ou expirer plus fort.

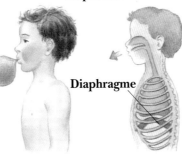

Diaphragme

Expiration

Quand tu as le hoquet,
le diaphragme, le muscle qui se trouve à la base des poumons, se contracte par à-coups.

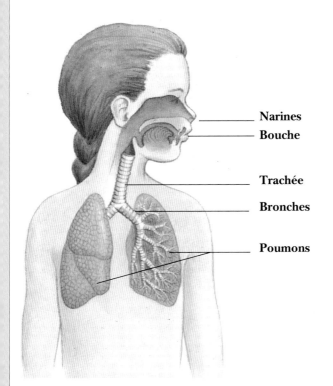

Narines

Bouche

Trachée

Bronches

Poumons

Rhumes, sinusites, angines, bronchites…
Parfois il est difficile de respirer, d'avaler. Le nez se bouche, coule, la voix s'enroue, tu tousses… Ce sont les infections des différentes parties de l'appareil respiratoire. Il est préférable de ne pas commencer à fumer car la fumée de cigarette abîme les poumons qui, au bout de quelques années, deviennent malades.

En toussant et en éternuant, tu évacues les microbes.

Attention aux allergies!
A certaines époques de l'année, au printemps en particulier, certaines personnes éternuent, leurs yeux sont rouges et pleurent.
On dit qu'elles ont le rhume des foins. En réalité, elles sont allergiques au pollen de certaines plantes. On peut être allergique à la poussière, aux plumes, aux poils des animaux, à la fumée de cigarette.

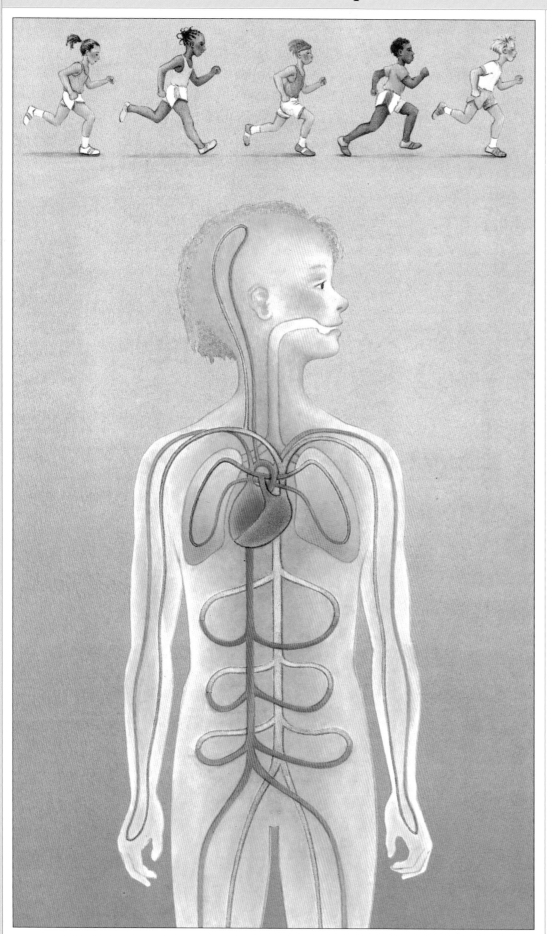

Le cœur est le moteur du corps :

quand le cœur s'arrête, la vie s'arrête. Voilà pourquoi ton cœur est si précieux. Pourtant, ce n'est qu'un muscle creux à peine plus gros que ton poing.

Ton cœur bat sans cesse dans ta poitrine!

Il pompe, se repose, pompe, se repose, environ soixante-dix fois par minute.

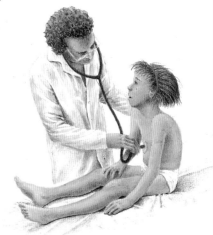

Tu peux écouter les battements de ton cœur grâce à un stéthoscope.

Une surprise, une joie, une peur, et tu sens ton cœur bondir dans ta poitrine. Son rythme s'accélère quand tu fais un effort, se ralentit quand tu dors.

Le système cardio-vasculaire : les artères sont en rouge, les veines sont en bleu.

Des kilomètres de vaisseaux.

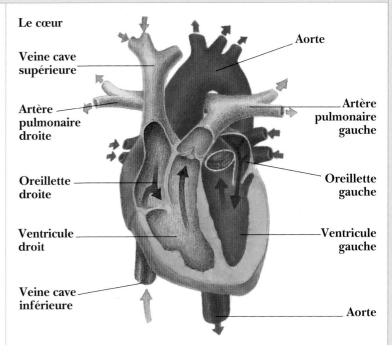

Le cœur

- Veine cave supérieure
- Artère pulmonaire droite
- Oreillette droite
- Ventricule droit
- Veine cave inférieure
- Aorte
- Artère pulmonaire gauche
- Oreillette gauche
- Ventricule gauche
- Aorte

Lorsque tu prends ton pouls, tu sens les battements de ton cœur.

Le cœur est formé de quatre poches : deux petites, en haut, qui sont les oreillettes, et deux grosses, en bas, qui sont les ventricules.

Il est divisé en deux parties bien séparées :

le cœur gauche propulse le sang chargé d'oxygène, tout propre et tout rouge, dans tout le corps. Le cœur droit chasse vers les poumons le sang sale chargé de gaz carbonique. Le sang propre et le sang sale ne doivent jamais se rencontrer.

Le cœur envoie le sang partout jusqu'au bout des doigts.

Pour circuler, celui-ci passe par des vaisseaux sanguins, tuyaux souples qui deviennent de plus en plus fins en s'éloignant du cœur, jusqu'à devenir microscopiques.

Il y a deux sortes de vaisseaux : les artères et les veines.

Les artères, qui figurent en rouge, partent du cœur. Elles transportent l'oxygène jusque dans les cellules.

Les veines, figurées en bleu, arrivent au cœur puis aux poumons en transportant le gaz carbonique pour l'évacuer.

Le cœur est nourri par deux petites artères, les artères coronaires.

Elles mesurent quelques millimètres de diamètre. Ces petits vaisseaux peuvent se boucher à cause du tabac, ou du cholestérol.

Le cœur, alors, s'arrête : c'est un infarctus du myocarde, c'est très grave. Aussi, pour éviter les maladies du cœur, il est préférable de ne pas fumer et de ne pas manger trop gras.

La circulation du sang est réglementée comme la circulation routière, avec des sens uniques. Il n'y a pas de route à double sens.

Le sang est un liquide très complexe.

Quand tu te coupes, ton sang coule.

Dans ton corps il y a environ trois litres de sang, il y en a cinq chez un adulte.
Le sang est rouge, un peu visqueux.
Il est composé d'un liquide transparent, le plasma, où se promènent une multitude de cellules : des globules rouges, des globules blancs et des plaquettes.

Une goutte de sang au microscope

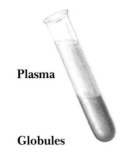

Plasma

Globules

Il y a à peu près seize mille milliards de globules rouges dans ton sang. Inutile de dire que ces cellules sont si petites que tu ne peux les voir qu'au microscope!

A chacun son travail

La moelle osseuse qui se trouve au milieu des os fabrique sans arrêt des globules.
En effet, chaque globule ne vit que trois mois, il en faut donc toujours de nouveaux.

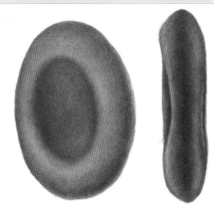

Coupe de globule rouge (grossi 8 000 fois). L'hémoglobine est constituée essentiellement de fer, qui permet le transport de l'oxygène.

Que font les globules rouges?

Ils travaillent comme des transporteurs!
Ils véhiculent l'oxygène depuis les poumons jusqu'aux cellules. Chaque organe est composé de milliards de cellules.
Puis ils remportent le gaz carbonique vers les poumons.

Et les globules blancs?

Ils te protègent contre les microbes dès qu'il y a une infection. Alors, ils se multiplient pour attaquer les microbes.

Des camions spécialement aménagés pour le don du sang stationnent dans le centre des villes et près des lieux animés, permettant, à qui le souhaite, d'offrir son sang pour les hôpitaux?

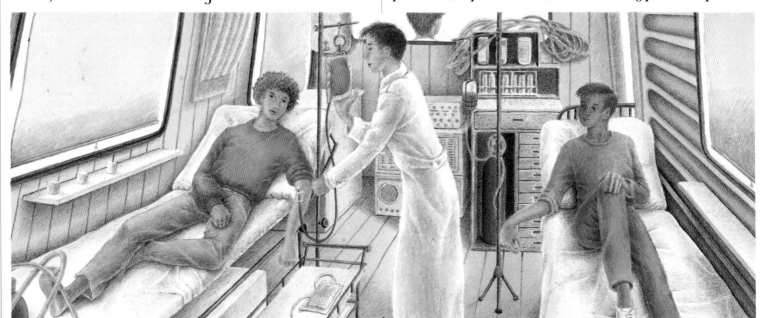

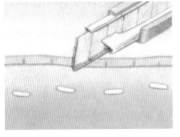
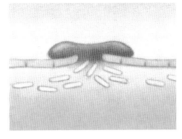

Les plaquettes se rassemblent autour de la blessure.

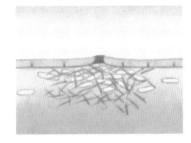

Le caillot se forme. Sous le caillot, des cellules spéciales «cicatrisent». Au bout de quelques jours, tout est réparé.

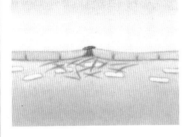
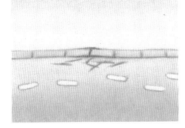

Les plaquettes accourent dès qu'il y a une brèche dans un vaisseau.

Un genou écorché, un mauvais coup de ciseaux et les voilà tout de suite au travail : elles doivent cicatriser la plaie.
Elles s'agglutinent pour former une sorte de filet qui retient le sang : c'est un caillot. En séchant, ce caillot va former une croûte.
Quand tout est réparé, la croûte tombe.
Tu garderas une petite cicatrice pendant quelque temps.

Ne gratte pas la croûte de tes petites blessures : elle empêche les microbes d'entrer.

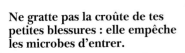

Tout le monde n'a pas le même sang.

Il y a des groupes sanguins : O, A, AB, B. Il est très important de connaître son groupe sanguin. Il faut pour cela faire une prise de sang. On reçoit alors sa carte de groupe sanguin.

En effet, tous les sangs ne peuvent pas être mélangés. Les personnes qui ont un sang du groupe O peuvent en donner à tout le monde mais elles ne peuvent recevoir que du groupe O. Elles sont donneurs universels. Le groupe AB ne peut donner son sang qu'à ceux du même groupe, mais peut en recevoir de tous : ces personnes sont receveurs universels. Le groupe A peut donner à A et à AB et recevoir de A et O.
Le groupe B peut donner à B et à AB, recevoir de B et O.
Ces règles ne concernent que le système ABO mais tout est encore bien plus compliqué!

Parfois, tu peux saigner du nez :

un petit vaisseau, à l'intérieur du nez, s'est écorché. C'est impressionnant mais pas grave du tout.

Un autre liquide : la lymphe

C'est un liquide incolore chargé de globules blancs qui circule dans les vaisseaux lymphatiques. Sur le trajet des vaisseaux lymphatiques, il y a des petites boules, les ganglions, qui se mettent à gonfler lors d'une infection pour faire barrière aux microbes.

Deux filtres très perfectionnés : les reins

Tu as vu que le sang recueillait tous les déchets rejetés par les cellules au niveau de tous les organes. Si tous ces déchets s'accumulaient, ils deviendraient rapidement des poisons pour ton organisme. Il faut donc les évacuer : c'est le rôle de tes deux reins. Chacun a la forme d'un très gros haricot, un peu moins gros que ton poing fermé.

Dans les reins, le sang passe par de tout petits vaisseaux au contact de tout petits tuyaux et les déchets sont filtrés comme dans une passoire. Les déchets vont former l'urine, et le sang épuré repart pour un nouveau circuit.

Où va l'urine?

Elle s'accumule dans un réservoir : la vessie. Lorsqu'elle est pleine, de petits récepteurs alertent le cerveau : il faut la vider en allant faire pipi. Sinon, elle risquerait de déborder!

Il est nécessaire de boire beaucoup d'eau pour aider les reins à éliminer les déchets.

— Reins

— Vessie

Système urinaire vu de face

Les garçons et les filles n'ont pas les mêmes organes génitaux.

Chez un garçon ou une fille, les poumons, le cœur, les vaisseaux, le tube digestif fonctionnent de la même façon.
Il n'en est pas de même pour ce que l'on appelle l'appareil «génital», c'est-à-dire l'appareil qui permet d'avoir un bébé.

Les petites filles ont déjà dans leur ventre tout ce qu'il faut pour devenir plus tard des mamans : deux ovaires, un utérus, un vagin.

Les petits garçons ont aussi, dès la naissance deux testicules et une verge.
Mais ces organes attendent la puberté pour fonctionner.

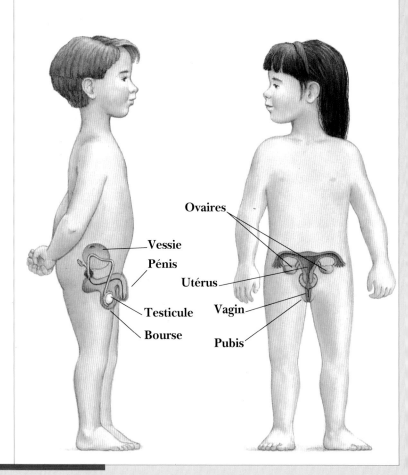

Ovaires

Vessie

Pénis

Utérus

Testicule

Vagin

Bourse

Pubis

L'aventure de la puberté

Les petits garçons et les petites filles ne peuvent pas avoir d'enfants même s'ils sont très amoureux! Leurs organes ne sont pas encore prêts.

Avant que les ovaires ne fabriquent des ovules, et les testicules des spermatozoïdes efficaces, il faut toute une transformation. Longue et lente, elle se manifeste par beaucoup de changements physiques et intellectuels entre neuf et seize ans. Les caractères sexuels secondaires apparaissent alors : la voix des garçons change, les poils poussent, les seins des filles se forment et les règles apparaissent. Le caractère évolue, la personnalité se forme. On peut avoir des boutons.

Un squelette de deux cent huit os pour tenir debout.

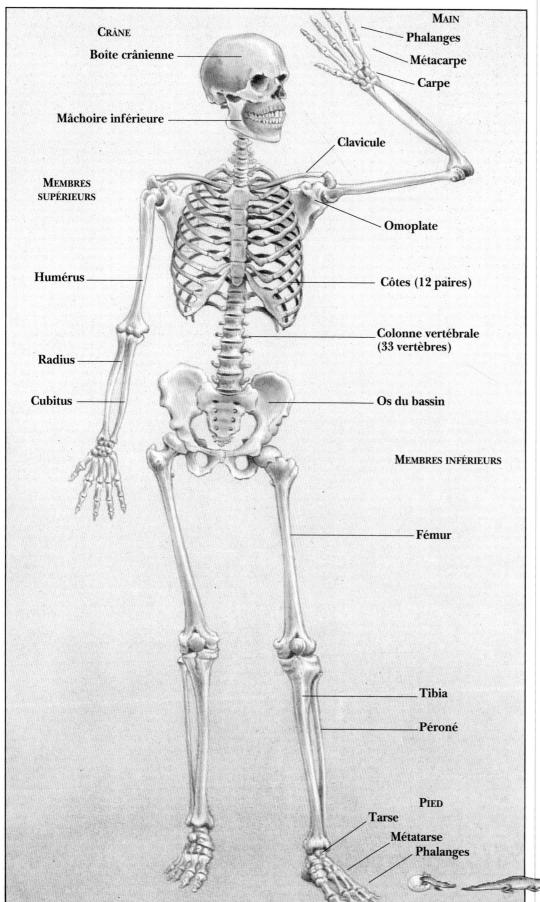

CRÂNE

Boîte crânienne

MAIN
Phalanges
Métacarpe
Carpe

Mâchoire inférieure

Clavicule

MEMBRES
SUPÉRIEURS

Omoplate

Humérus

Côtes (12 paires)

Colonne vertébrale
(33 vertèbres)

Radius

Cubitus

Os du bassin

MEMBRES INFÉRIEURS

Fémur

Tibia

Péroné

PIED
Tarse
Métatarse
Phalanges

Sans squelette, tu ne tiendrais pas debout. Si tu serres fort un de tes doigts, tu sens quelque chose de dur : c'est un os.

Il y en a plus de deux cents dans ton corps, de toutes les formes et de toutes les tailles. Certains ont des noms bizarres : semi-lunaire, astragale, étrier...

Le fémur (l'os de ta cuisse) est un os long. Les plus petits se trouvent au fond de ton oreille. D'autres, comme tes dents, n'ont pas l'air d'être des os! Certains os constituent la charpente du corps. D'autres protègent tous les organes fragiles : le cerveau, en l'enfermant dans une boîte bien solide, le cœur, les poumons...

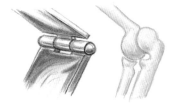

Articulation dans laquelle la tête d'un os se loge dans le creux d'un autre os, comme pour la hanche

Articulation fonctionnant comme une charnière de porte (par exemple celle du coude ou du genou)

Des charnières bien huilées

Tu peux faire bouger tes bras et tes jambes grâce aux articulations. Des ligaments rattachent les os entre eux. Un liquide huileux, la synovie, sert à faire glisser tes articulations.

A la naissance, les os d'un bébé sont tendres.

Peu à peu, le cartilage dont ils sont faits va se transformer en os dur.

A l'extrémité de chacun de tes os se trouve une réserve de cartilage de croissance, qui leur permet de grandir en longueur et en largeur.

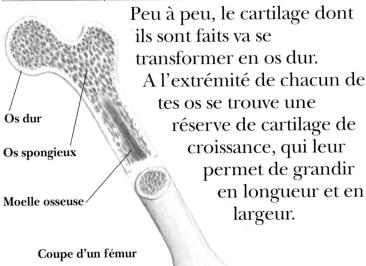

Os dur

Os spongieux

Moelle osseuse

Coupe d'un fémur

Quand tout le cartilage est utilisé, on ne grandit plus. A l'intérieur de l'os, qui ressemble à une éponge rigide, se trouve la moelle osseuse.

Les articulations ne fonctionnent pas toutes de la même façon. Certains animaux grandissent toute leur vie.

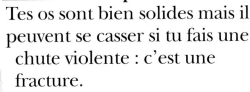

Un os cassé se répare.

Tes os sont bien solides mais il peuvent se casser si tu fais une chute violente : c'est une fracture.

Le médecin prend une radiographie pour voir la gravité de la fracture. Parfois, il faut remettre les os en place pour qu'ils se ressoudent bien. Puis le médecin plâtre le membre fracturé afin de le maintenir immobile pendant la cicatrisation… Elle dure plusieurs semaines.

Heureusement, tes os fabriquent sans arrêt de nouvelles cellules, sinon les fractures ne guériraient jamais!

Un «cal» se forme à l'endroit de la cassure.

Après une fracture, il faut faire des exercices pour rééduquer le membre blessé.

Tes os sont faits de calcium et de phosphore.

Voilà pourquoi tu dois manger beaucoup de laitages et de poisson pour aider tes os à grandir.

Tes os et tes muscles forment une solide équipe.

Impossible de les séparer. Sans les muscles, les os sont incapables de faire un mouvement.

Attachés aux os par des tendons, tes muscles font bouger tes os, en se contractant et en se relâchant tour à tour.

Tes muscles sont commandés par tes nerfs.

Lorsque le cerveau commande à un muscle de se contracter, les nerfs transmettent l'ordre et le muscle obéit. Un muscle tout seul ne peut que se contracter. C'est en se groupant que les muscles te permettent d'accomplir toutes sortes de mouvements.

Tu as dans ton corps plus de six cents muscles.

Certains sont gros, comme ceux de tes mollets ou de tes cuisses, d'autres petits, comme la langue ou ceux qui font bouger tes yeux.

Tu as plusieurs sortes de muscles.

Ils n'ont pas tous la même forme ni la même constitution.

Les muscles striés sont soumis à l'influence de la volonté. Ils peuvent être en forme de fuseau comme les biceps, ou en forme d'éventail comme les muscles de ton dos, ou encore en forme d'anneaux : c'est le cas des muscles de tes lèvres et de tes paupières.

Tous les muscles formant la paroi de ton estomac ou de ton intestin sont des muscles lisses.

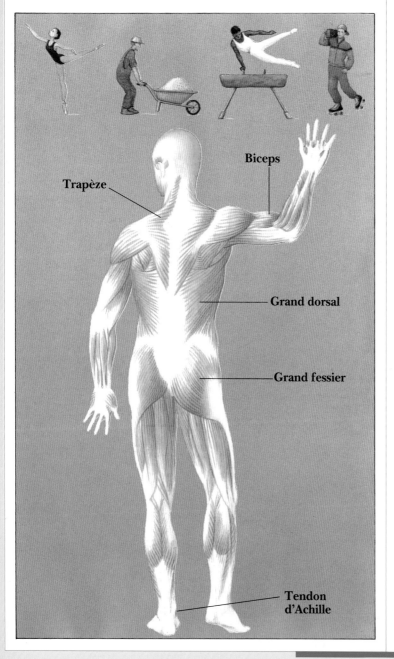

Trapèze

Biceps

Grand dorsal

Grand fessier

Tendon d'Achille

Ton cœur est un muscle spécial.

Comme tous les muscles, le muscle cardiaque ou muscle du cœur est commandé par les nerfs mais, en plus, il comporte un automatisme, semblable à une pile, qui lui permet de battre tout seul.

Le jour de ta naissance, tu ne peux pas, comme certains petits animaux, te lever et partir gambader!

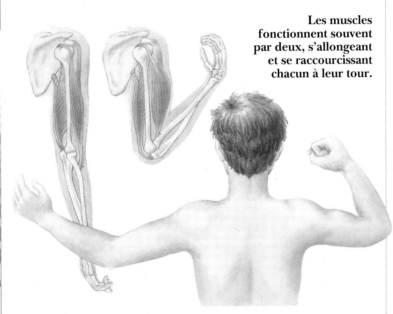

Les muscles fonctionnent souvent par deux, s'allongeant et se raccourcissant chacun à leur tour.

Un nouveau-né ne tient même pas sa tête droite. Peu à peu les os durcissent, les muscles se fortifient. L'apprentissage est long.

Pour travailler, tes muscles ont besoin de beaucoup d'énergie.

Celle-ci vient de la nourriture. Après la digestion, les aliments réduits en fines particules passent dans le sang et apportent l'énergie nécessaire à toutes les cellules musculaires.

Les muscles te permettent de tenir les objets. Quand on est petit, on a du mal à prendre un fil très fin entre deux doigts.

Il faut bien manger avant de faire du sport, et boire beaucoup après l'effort.

Les petits malheurs des muscles

Le muscle de ton mollet reste contracté, tendu au maximum, tu ressens une crampe. Tu as fait beaucoup de sport, tu as mal partout. Tes muscles n'ont pas pu éliminer tous les déchets, ils sont douloureux : ce sont des courbatures. Si, par accident, tu as trop tiré sur un ligament ou un tendon de ta cheville ou de ton genou, te voilà avec une entorse.

Prendre soin de ses muscles.

C'est ce que font les sportifs qui s'échauffent avant de pratiquer un sport : ils préparent ainsi leurs muscles à l'effort. Ceux-là réagiront mieux.

De la tête aux pieds, ton corps est recouvert de peau.

C'est doux, c'est froid, cela fait mal...

Ta peau te renseigne sur ce qui se passe en dehors de ton corps : la chaleur, le vent, les caresses. Mais elle est aussi le témoin de tout ce qui se passe en toi : tu rougis d'émotion, tu pâlis d'effroi, et tu souffres d'éruptions dues à des maladies ou à des allergies.

Ton corps contient beaucoup d'eau. Sans cette enveloppe, l'eau s'en irait au soleil et à l'air. Tu ressemblerais à un pruneau tout plissé et desséché!

La peau empêche l'eau de sortir mais aussi de rentrer : elle fabrique une sorte de graisse, le sébum, qui la rend pratiquement imperméable.

Sinon tu gonflerais comme une éponge dans ton bain.

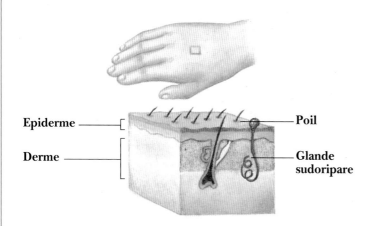

Epiderme

Derme

Poil

Glande sudoripare

Il faut aider la peau dans son travail en portant des habits légers l'été et bien chauds l'hiver.

La peau comprend deux couches : un épiderme très fin, au-dessus, et un derme plus épais en dessous. Les petits trous sont les pores.

Personne n'a la même peau.
Un seul pigment colore la peau : la mélanine. C'est la quantité de mélanine qui donne une peau plus ou moins foncée.

Elle te permet de t'adapter au chaud et au froid.
Quand il fait chaud, tu transpires :
les petites glandes qui fabriquent la sueur travaillent pour te rafraîchir.
Le sang circule alors beaucoup, au niveau de la peau, pour se refroidir.
Quand il fait froid, les vaisseaux de la peau se resserrent pour garder la chaleur,
les poils se dressent : tu as la chair de poule!

La peau te protège, comme un mur bien solide, contre les microbes.
Ils ne peuvent pas traverser une peau saine.

Ta figure, qui est toujours à l'air, a besoin d'être lavée tous les jours.

Il faut bien se laver,

prendre un bain ou une douche chaque jour, car la saleté et les poussières collent au sébum. En frottant, tu enlèves la vieille couche de graisse qui est immédiatement remplacée.

Des plaies, des bosses, des bleus

Ta peau est solide, elle te protège. Mais il arrive parfois des accidents : il faut toujours désinfecter une plaie.

Après un choc, même si on a la tête dure, il se forme une bosse. Les vaisseaux du sang et de la lymphe ont été légèrement écrasés et les liquides se sont écoulés. Cela gonfle! Des cellules spéciales des tissus voisins viennent en renfort pour réparer les dégâts. En quelques jours tout est cicatrisé.

Un choc et te voilà avec une bosse, une écorchure ou un bleu, quelquefois les trois à la fois.

Lorsque tu as un bleu, c'est un peu la même chose : les vaisseaux sanguins écrasés forment une nappe de sang stagnant sous ta peau. Heureusement, ils cicatrisent rapidement et le sang cesse de couler. Le bleu prend toutes sortes de couleurs dans les jours qui suivent puis disparaît.

Attention aux brûlures!

De l'eau bouillante, un fer à repasser, l'électricité, les produits pour faire le ménage… peuvent brûler ta peau.

Elle ne supporte pas une température trop élevée.

Selon la gravité de la brûlure, on parle de brûlure au premier, au deuxième ou au troisième degré.

Au premier degré, la peau est rouge, au deuxième des cloques se forment sur la peau, au troisième la peau, profondément attaquée, est noirâtre.

Le soleil brûle.

Il faut faire très attention aux coups de soleil. Normalement, la peau se protège du soleil en fabriquant de la mélanine.

Elle brunit et devient plus résistante. Mais si l'on est imprudent, si l'on ne met pas de crème protectrice les premiers jours d'exposition au soleil, on peut se brûler gravement. La peau doit s'adapter progressivement. Une peau brûlée se souvient toute sa vie des brûlures.

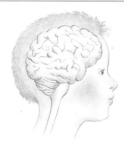

Qui organise le fonctionnement de toutes ces usines?

Le système nerveux, dispositif très perfectionné qui comprend l'encéphale, la moelle épinière et quarante-trois paires de nerfs. L'encéphale est lui-même formé du cerveau, du cervelet et du bulbe.

Ton cerveau est composé de milliards de cellules nerveuses appelées neurones,

que l'on retrouve aussi dans la moelle épinière et les nerfs.

Ces neurones ont une forme très particulière : ils ressemblent à de minuscules étoiles avec de nombreux prolongements.

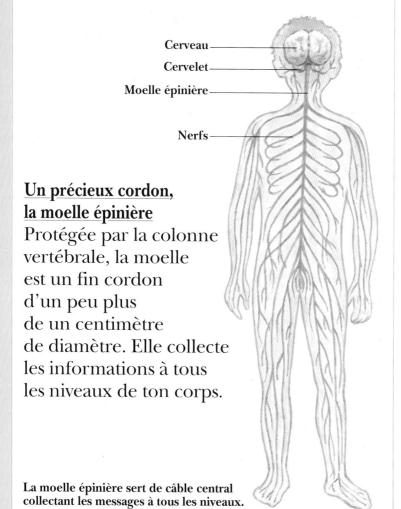

Cerveau

Cervelet

Moelle épinière

Nerfs

Un précieux cordon, la moelle épinière

Protégée par la colonne vertébrale, la moelle est un fin cordon d'un peu plus de un centimètre de diamètre. Elle collecte les informations à tous les niveaux de ton corps.

La moelle épinière sert de câble central collectant les messages à tous les niveaux.

A la naissance, le nouveau-né possède déjà tous ses neurones.

Dans le ventre de sa maman il a acquis des millions de nouveaux neurones à chaque minute. Il en a donc des centaines de milliards en réserve. Heureusement car les neurones ne se renouvellent pas et on commence à les perdre à partir de vingt ans! Si une cellule nerveuse est détruite, elle ne sera pas remplacée.

Parfois, dans les accidents graves, la moelle épinière est coupée. On est alors paralysé.

Il a fallu des milliards d'années d'évolution pour que ton cerveau devienne cet étonnant organe ultra-perfectionné. L'homme est le seul être vivant à avoir un cerveau aussi performant.

Bien à l'abri dans la boîte crânienne, ton cerveau est divisé en deux hémisphères :

le droit et le gauche. Ils sont enveloppés dans une sorte de matière grise, le cortex cérébral.

Lisse quand tu es petit, ce cortex grossit en se plissant comme une noix.

Maintenant, ferme tes deux poings, mets-les l'un contre l'autre et tu auras une idée de la taille et de la forme de ton cerveau.

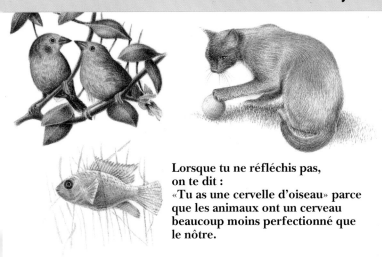

Lorsque tu ne réfléchis pas,
on te dit :
«Tu as une cervelle d'oiseau» parce
que les animaux ont un cerveau
beaucoup moins perfectionné que
le nôtre.

Des kilomètres de nerfs

Si tu comparais ton cerveau à un central
téléphonique, les nerfs seraient les câbles
véhiculant les messages. Les informations
parviennent au cerveau par les nerfs
sensitifs, les ordres quittent le cerveau
par les nerfs moteurs.

Des milliers de messages, les «influx nerveux», circulent en permanence dans ton corps.

C'est grâce aux neurones des nerfs et de la
moelle épinière que le cerveau peut
recevoir les messages.
C'est grâce à eux aussi qu'il peut donner des
ordres.

Certains messages sont sous ton contrôle.

Le feu est rouge pour les voitures, donc tu
traverses. Le téléphone sonne : le cerveau
reçoit le message et tu décroches.

Il faut enfoncer
le cube dans le carré :
l'ordre part
de ton cerveau.

Beaucoup sont indépendants de ta volonté.

Une région de ton cerveau s'occupe du
rythme de ton cœur, de ta respiration, de ta
digestion, du fonctionnement de tes
glandes, de ton sommeil, de ta faim, de tout
ce qui se fait sans arrêt, sans que tu y penses.
Si tu as une grande peur, par exemple, ton
cœur se met à battre à toute vitesse, ta
respiration est saccadée… que tu le veuilles
ou non!

Les cinq sens : l'odorat, le goût, le toucher, la vue et l'ouïe ont leur
centre dans le cerveau.

Tu peux améliorer les performances de ton
cerveau en t'entraînant.

Les zones du cerveau:
1. Zone pour les mouvements
volontaires
2. Zone pour les sensations
3. Vue
4. Audition
5. Odorat
6. Parole

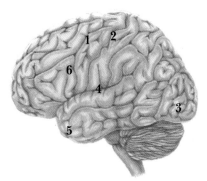

On sait maintenant que le cortex est divisé
en zones spécialisées, comme une usine est
divisée en ateliers.

Chaque hémisphère reçoit les messages captés par le côté opposé, et commande aussi les mouvements du côté opposé.

Tu te brûles la main droite. Le message
arrive à l'hémisphère gauche. C'est aussi
de l'hémisphère gauche que partira l'ordre
de retirer ton bras.

Tes sens sont les portes de ton corps. Grâce à eux, tu peux découvrir le monde qui t'entoure. Tu vois de beaux paysages, tu écoutes de la musique, tu goûtes de délicieux gâteaux, tu sens le parfum des fleurs et la douceur de leurs pétales.

Quels sont les cinq sens?

La vue, l'ouïe, l'odorat, le goût et le toucher. Tes yeux, tes oreilles, ton nez, ta langue et ta peau sont les organes de tes sens.

Chacun de tes organes détecte les sensations et les fait parvenir au cerveau. Tu sais que chaque sensation correspond à une zone particulière dans le cortex cérébral. Puis le cerveau renvoie des consignes à tes muscles par les nerfs moteurs.

Si tu n'y fais pas attention, tu peux vivre avec tes sens sans en profiter au maximum.
Mais si tu es sensible à la perception de chacun d'entre eux, ton corps s'épanouira en découvrant dans le monde bien des richesses que l'on oublie de voir.

Si pour certaines raisons l'un de nos sens ne fonctionne pas, tous les autres s'efforcent de compenser ce manque : une personne aveugle a un sens du toucher très développé et une ouïe très fine.

Les animaux aussi ont des sens développés.
Mais souvent l'un d'eux domine.
Les oiseaux ont très peu d'odorat mais une vue perçante. Les poissons ont un odorat développé et, sur leur peau, des organes sensoriels qui leur servent d'oreilles!
L'escargot goûte avec ses antennes.
Le serpent sent avec sa langue fourchue : il la sort et l'agite dans l'air pour récolter les odeurs.
Chacun a sa façon de voir, de toucher, d'entendre, de goûter et de sentir.

Le renard, comme le chien, entend des sons qui nous échappent.

Certains animaux ont des sens particuliers.
Quelle catastrophe se prépare? Les poules sont affolées, les chevaux tremblent, les hirondelles piaillent, bien avant que les hommes ne s'alarment. C'est que les animaux possèdent un sens particulier des vibrations, qui leur fait pressentir un tremblement de terre, par exemple.
Avant de s'envoler, la mouche dresse ses antennes pour tester la vitesse du vent.

Le grillon à ses oreilles sur deux pattes.

La cigale porte ses organes auditifs de chaque côté de l'abdomen.
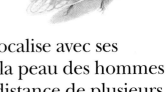

Le moustique femelle localise avec ses antennes la chaleur de la peau des hommes ou des animaux à une distance de plusieurs mètres.
Les dauphins ont un sixième sens, le sonar, propre aux animaux de leur famille. Il leur permet de s'orienter ou de détecter des objets éloignés grâce aux échos des sons très variés que les cétacés émettent.

L'œil est un organe délicat.

Comment notre œil est-il fait?

L'œil est un globe logé dans une cavité, l'orbite. Les paupières protègent les yeux. L'œil bouge beaucoup, même si on le croit immobile, et dans tous les sens, grâce aux muscles qui le fixent à l'orbite. Les larmes humidifient et nettoient les yeux sans arrêt. Elles sont étalées par les paupières, qui battent toutes les dix secondes environ.

Les paupières protègent les yeux.

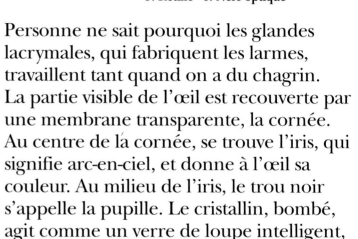

1. Cornée - 2. Iris -
3. Pupille - 4. Cristallin -
5. Rétine - 6. Nerf optique

Personne ne sait pourquoi les glandes lacrymales, qui fabriquent les larmes, travaillent tant quand on a du chagrin. La partie visible de l'œil est recouverte par une membrane transparente, la cornée. Au centre de la cornée, se trouve l'iris, qui signifie arc-en-ciel, et donne à l'œil sa couleur. Au milieu de l'iris, le trou noir s'appelle la pupille. Le cristallin, bombé, agit comme un verre de loupe intelligent, modifiant sa courbure selon la distance de ce qu'il regarde : c'est l'accommodation.

Le cheval ne distingue pas nettement ce qui se trouve devant lui. Mais il voit largement sur les côtés sans tourner la tête.

Notre champ visuel est plus étroit mais notre vue est plus précise, car la vision de chacun de nos deux yeux complète l'autre.

Grâce à sa vue perçante, l'aigle distingue un mulot depuis une très haute altitude.

Pour voir en relief, il faut que les deux yeux fonctionnent bien.

Le nerf optique conduit les informations reçues par l'œil jusqu'au cerveau. L'œil gauche voit un peu plus à gauche et l'œil droit voit un peu plus à droite.
Le cerveau reçoit les deux images à l'envers et les remet à l'endroit, les réunit, les interprète.
Avec un appareil spécial, le médecin des yeux, l'ophtalmologiste, examine tes yeux. Il peut voir la rétine, qui reçoit la lumière et les images à l'envers, à travers ta pupille, au fond de ton œil.

L'œil bouge beaucoup, très vite et dans tous les sens, grâce aux muscles qui fixent l'œil à l'orbite.

Portes-tu des lunettes?

Oui, si tu as un défaut de la vue dû à une anomalie de la forme de ton œil.

Si ton œil est trop long, tu es myope. Tu vois nettement ce qui est près et tu vois trouble ce qui est éloigné.

Si c'est l'inverse, ton œil est trop court, tu es hypermétrope. Les hypermétropes voient mal de près et bien de loin.

Si ton œil est irrégulier, tu es astigmate : tu as du mal à voir le sens des rayures ou à lire les notes de musique sur une portée. Mais, en réalité, personne n'a un œil parfaitement rond.

Les personnes âgées doivent porter des lunettes parce que leur cristallin n'est plus très souple et ne fait plus bien son travail. Elles sont presbytes.

Quand il fait sombre, l'iris s'ouvre pour laisser passer le plus de lumière possible. La pupille s'agrandit. Lorsque tu t'approches d'une lumière, l'iris se ferme et la pupille devient très petite.

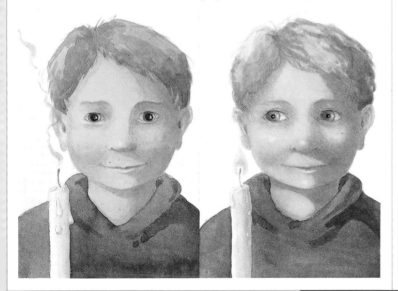

Les libellules ont jusqu'à 40 000 petits yeux qui recouvrent presque toute leur tête.

Parfois, les yeux sont un peu de travers : on louche. Cela s'appelle le strabisme. Un peu de gymnastique des yeux arrange souvent ce défaut. Il arrive qu'une petite opération soit nécessaire pour redresser les yeux.

Chacun a ses lunettes.

Impossible d'emprunter celles d'un ami! L'ophtalmologiste les fait faire sur mesure pour toi chez l'opticien.

Quand on est plus grand, on peut porter des lentilles de contact, petites rondelles qui se placent directement sur l'œil.

Les insectes perçoivent les ultraviolets que nous ne voyons pas.

Sans lunettes, le myope verrait flou.

Tes yeux peuvent se reposer, mais tes oreilles restent ouvertes jour et nuit.

Immobiles, elles ne cessent de percevoir des bruits.

Dans le ventre de ta mère, tu entendais déjà. Puis tu as reconnu le son de la voix de ta mère, celui de ta propre voix, tu as entendu le nom des choses. Tes oreilles te signalent aussi tous les dangers que tu ne vois pas.

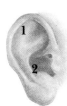

Oreille externe :
1. Pavillon - 2. Conduit auditif

Oreille moyenne :
3. Tympan - 4. Osselets

Oreille interne :
5. Nerfs auditifs - 6. Limaçon

Petite peau très fine, le tympan vibre comme la membrane d'un tambour,

plus ou moins, selon les sons. Trois osselets aux drôles de noms, marteau, enclume, étrier, multiplient l'intensité des vibrations et les transmettent au limaçon.
Ce tube rempli de liquide transforme les sons en influx nerveux et les fait parvenir au cerveau, qui les reconnaît, découvre d'où ils viennent et ce qu'ils signifient. C'est l'ensemble de tous ces sons qui fait l'harmonie.

Un caillou jeté dans l'eau forme des ronds qui se propagent sur l'eau. De même, les ondes sonores se propagent dans l'air.

Veux-tu faire une expérience?

Tends un élastique entre le pouce et l'index. Tire-le au milieu et lâche-le vite : il vibre et tu entends un son. Les sons sont des vibrations qui se déplacent dans l'air.

Tu n'entends pas tous les sons.

Les ultrasons sont trop aigus pour que ton oreille les entende, alors qu'un chien est sensible à un sifflet à ultrason.

L'oreille interne est le centre de l'équilibre.

Après avoir tourné comme une toupie pendant un moment, tu es déséquilibré parce que le liquide contenu dans le conduit de l'oreille interne s'agite encore un moment, comme un liquide dans un verre que l'on tournerait.
Le même phénomène se produit aussi à bord d'un bateau et tu as le mal de mer.

Nez crochu, long nez, nez épaté, nez en trompette, les nez ne se ressemblent pas, et la façon dont on perçoit les odeurs varie aussi selon les individus. A tel point que la manière de sentir a pu être comparée aux empreintes digitale, car elle est unique pour chacun.

De quoi est faite une odeur?

De très petites particules chimiques qui flottent dans l'air que tu respires. Plusieurs milliers d'odeurs arrivent au fond de ton nez, sur des récepteurs olfactifs munis de petits cils.

Chez l'homme la surface occupée par ces récepteurs n'est que de un à cinq centimètres carrés, chez un chat elle est de vingt centimètres carrés et chez un chien elle peut atteindre cent centimètres carrés : voilà pourquoi on dit que le chien a un bon flair.
Ces récepteurs informent ton cerveau.

Quand une bonne odeur vient de la cuisine, ton cerveau te dit que ta maman fait un bon gâteau et cela t'ouvre l'appétit.

Un bébé reconnaît l'odeur apaisante de sa mère, une mère reconnaît l'odeur de son enfant.

Ce lien d'amour est très important, c'est la première communication du bébé avec le monde.

Chez les animaux, le lien entre une mère et son petit est souvent lié à l'odeur. Celle-là est parfois un passeport : une fourmi peut être rejetée d'une colonie étrangère si elle n'a pas la même odeur que les autres.

Certaines personnes ont des sens particulièrement développés.

Les personnes qui inventent des parfums s'appellent des «nez». Leur odorat est capable de reconnaître près de quatre mille odeurs!

Comment goûtons-nous? Grâce à notre langue.

Les papilles d'un petit enfant sont plus sensibles que celles d'un adulte.

Tu sens le bon et le mauvais goût des choses grâce aux papilles qui se trouvent à la racine de ta langue. Elles ressemblent à de petits boutons et ne sont pas très jolies, mais sans elles le fait de se nourrir ne serait plus un plaisir! Chacune est sensible à une saveur particulière.

Les saveurs sucrées et salées sont mieux ressenties que les saveurs amères ou acides.

Déjà, dans le ventre de sa maman, le bébé préfère la saveur sucrée : c'est inné.

Petit à petit, l'enfant apprendra à apprécier les autres saveurs.

Goûter de nouveaux plats exerce nos papilles et affine notre goût.

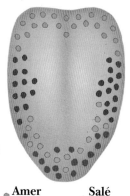

La langue ressent aussi la température, la douleur, la consistance.

- Amer
- Acide
- Salé
- Sucré

Connaissant mieux son goût, chacun pourra apprécier le plaisir de mets subtils et devenir ce qu'on appelle un fin palais, ou un gourmet.

Les quatre saveurs de base

sont le sucré, représenté par le sucre, l'acide, représenté par le citron, l'amer, représenté par la chicorée, et le salé représenté par le sel.

L'odorat joue un rôle important dans le goût : quand tu es enrhumé, tu ne sens plus la saveur des choses.

Le meilleur moyen de prendre un horrible médicament n'est-il pas de l'avaler en se bouchant le nez pour ne rien sentir?

Pourtant, il reste un goût dans la bouche. Mais cela vaut la peine puisque le médicament guérit.

Chaque pays a ses habitudes de goût et de dégoût : certaines cuisines sont très épicées, d'autres plus douces.

Les escargots appréciés en France sont détestés en Angleterre. A l'inverse, te régalerais-tu des chenilles grillées d'Amazonie ou du serpent en sauce d'Indonésie?

Le sens du toucher passe par la peau.

Ta peau protège ton corps.

Elle est aussi sensible à la douceur d'une caresse, à la chaleur d'un baiser, au froid d'une glace, à la douleur d'une piqûre.

Ta peau réagit au toucher.

Elle contient une multitude de nerfs sensibles qui font parvenir les messages du toucher jusqu'à ton cerveau, dans des zones spécialisées pour interpréter ce genre d'information et y répondre. Ce circuit est parcouru très vite.

Par exemple, si on te marche sur le pied, tu ressens une douleur. Ton cerveau te commande aussitôt d'enlever ton pied!

La peau écailleuse des pattes de la poule, comme la corne des sabots de la biche ou du cheval, est moins sensible que la peau du serpent.

Un bébé porte tous les objets à sa bouche,

car elle est plus sensible et lui permet une meilleure connaissance des choses.

On fait des baisers avec la bouche, et des piqûres sur les fesses car celles-ci sont moins sensibles!

Les animaux ont des moyens de toucher que nous n'avons pas.

Avec quoi touchent-ils?

La peau la plus sensible est celle des doigts. Elle possède davantage de terminaisons nerveuses.

L'araignée tisse régulièrement sa toile grâce à ses pattes poilues. Les poils lui servent d'organes du toucher.

Les abeilles mesurent parfaitement les dimensions en touchant les rayons de la ruche avec leurs antennes .

Les moustaches du chat l'aident à trouver son chemin dans l'obscurité. Elles détectent les obstacles.

Différentes impressions liées au toucher :

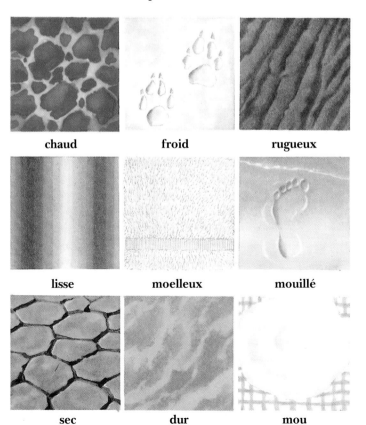

chaud   froid   rugueux

lisse   moelleux   mouillé

sec   dur   mou

Bande-toi les yeux et exerce-toi à reconnaître des fruits grâce à leur forme et à leur odeur.

Avant d'aller dormir.

Lorsque le soleil couchant décline à l'horizon, et que ses derniers rayons colorent les arbres de la campagne, tu sais que la nuit est proche et que c'est l'heure d'aller dormir.
Les poules regagnent leur perchoir, les vaches rentrent à l'étable, les fleurs replient leurs pétales, et ton chien se couche à sa place habituelle.
Mais d'autres se réveillent! La chouette, les chauves-souris, les souris partent en chasse.
Ce sont des animaux nocturnes : ils dorment le jour.

Le sommeil occupe environ le tiers de la vie.

Lorsque tu venais de naître, tu dormais presque tout le temps, le jour comme la nuit. Maintenant, ta vie est faite d'une succession de temps d'éveil et de sommeil, qui suivent le cycle du jour et de la nuit.

Chacun a son propre rythme de sommeil.

Cela dépend de chacun. Nous sommes réglés par une horloge interne qui fonctionne avec le jour et la nuit.

Cependant, le temps moyen de sommeil nécessaire à un enfant de ton âge est au minimum de dix à onze heures par nuit.

Comment sens-tu que le sommeil vient?

Pendant la journée, le cerveau a énormément travaillé. Quand il veut se reposer, il envoie des signes.

Tes muscles se relâchent, tu bâilles en ouvrant grande ta bouche. Tes idées s'embrouillent, tes yeux piquent.
Les grandes personnes disent :
«Le marchand de sable est passé.»
Pour t'endormir, tu t'allonges au calme dans ton lit, en prenant ta position préférée : chaque personne a la sienne.
Souvent, les enfants ont besoin de serrer dans leurs bras leur jouet favori.

Comment te préparer au sommeil?

Bois un verre de lait ou une tisane de fleur d'oranger, cela t'aidera à t'endormir.
Prends un bon bain chaud, il te détendra.

Et, avant de partir pour le mystérieux voyage de la nuit, demande à quelqu'un que tu aimes de te raconter une belle histoire.
Tu t'endormiras confiant et heureux.

Si tu as peur du noir, mets une petite veilleuse. Autrefois, il y avait toujours une veilleuse près des enfants.
Tu dois te sentir en sécurité pour ton voyage au pays du sommeil.
Bonne nuit.

En enregistrant les ondes électriques émises par le cerveau, les savants ont pu connaître le sommeil.

Il est formé de cycles qui durent chacun près de deux heures :
tu en parcours quatre ou cinq en une nuit. Chaque cycle comporte plusieurs étapes.

L'insomnie, c'est l'absence de sommeil.

Le sommeil est d'abord léger puis profond : tu dors «sur tes deux oreilles »! Puis, soudain, des petits mouvements t'agitent. Tes yeux bougent sous tes paupières. Tu dors profondément et pourtant ton cerveau déborde d'activité : tu fais des rêves! Cela s'appelle le sommeil paradoxal.

Pendant l'étape de sommeil profond, tu peux ronfler, parler tout haut. Certains enfants sont somnambules : ils se lèvent tout endormis.

Rêve ou cauchemar?

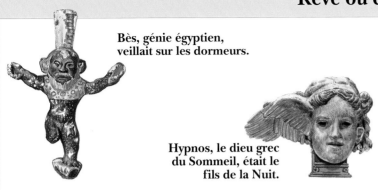

Bès, génie égyptien,
veillait sur les dormeurs.

Hypnos, le dieu grec
du Sommeil, était le
fils de la Nuit.

Le cycle se termine, un autre commence. Lorsque tu as assez dormi, tu te réveilles naturellement à la fin d'un cycle. Si le réveil sonne en plein sommeil profond, c'est très pénible. Tu as l'impression de revenir de très loin!

Le sommeil n'est pas du temps perdu!

La nuit, ton corps se repose en fonctionnant à un autre rythme. Il se passe beaucoup de choses pendant que tu dors.

Ton cerveau a besoin de sommeil pour se développer, pour enregistrer tout ce que tu as appris dans la journée.

On dit aussi que «la nuit porte conseil» : parfois tu trouves, le matin, la réponse à certaines des questions que tu te posais la veille au soir!

Si l'on t'empêchait de dormir, tu ne pourrais pas vivre. Et si l'on t'empêchait de rêver tu deviendrais fou !

Le songe du Pharaon : dans son rêve, le Pharaon avait vu sept vaches grasses et sept vaches maigres. Les devins prédirent sept années de prospérité puis sept années de misère pour leur pays.

Les rêves ne sont pas toujours agréables.

Parfois, des images effrayantes surgissent. Tu te réveilles en sursaut, tu as le cœur battant. Tu dois te calmer avant de te rendormir. Ces mauvais rêves s'appellent des cauchemars.

Peut-on expliquer les rêves?

Au siècle dernier, un médecin viennois, Sigmund Freud, essaya de comprendre le mécanisme des rêves. Pour lui, nos pensées inconscientes, cachées en nous, vivent leur vie la nuit. Nous ne les reconnaissons pas!

Les microbes sont partout, dans l'air, dans la terre, dans ton corps.

Tu entends souvent parler des microbes. Ils sont pour toi la source de beaucoup d'ennuis!
Les microbes sont des êtres vivants très nombreux et si petits qu'on ne peut les voir qu'au microscope.
Il existe trois sortes de microbes : les bactéries, les virus et les champignons.

Les bactéries sont toutes petites.

Elles se développent et se reproduisent très vite en se dédoublant. Les bactéries s'appellent soit bacilles si elles ont la forme d'un bâtonnet, soit coques si elles sont rondes.

Les virus sont encore plus petits.

Incapables de se multiplier tout seuls, les virus sont obligés de vivre en parasites dans les cellules vivantes d'autres organismes. Un corps habité par des virus tombe malade. «Virus» veut dire poison.

Les champignons sont microscopiques.

Ils provoquent souvent des maladies de peau.

Y a-t-il des microbes utiles?

Certains sont tes amis. Depuis longtemps, l'homme utilisait des microbes sans le savoir.

Rester au lit bien au chaud est un bon moyen de guérir!

Tu as des frissons, tu ne te sens pas bien, tu as de la fièvre : c'est le signe d'une infection.

Ce sont des bactéries qui font lever le pain, fermenter le vin, la bière, les yogourts. Dans ton intestin, des milliards d'autres bactéries t'aident à bien digérer : elles forment la flore intestinale.

Malheureusement, d'autres sont des ennemis

et décident parfois de venir t'empoisonner la vie. S'ils arrivent à passer les barrières de sécurité que sont ta peau, les poils de ton nez, tes amygdales, ils provoquent une infection.

Médicaments anciens

Aussitôt la guerre s'engage entre ton corps et les microbes.

La température de ton corps augmente, tu as de la fièvre. C'est une réaction de défense de ton corps pour tuer les microbes par la chaleur.
Les ganglions, petits renflements du système lymphatique, gonflent et se durcissent : ils sont le siège de grandes batailles contre les microbes.
Les globules blancs détruisent les microbes. La moelle osseuse, qui fabrique ces globules, doit alors en accélérer la production.

Certains sont tes amis, d'autres, tes ennemis.

Certaines maladies sont dues à des bactéries :

la typhoïde, le choléra, la coqueluche, la diphtérie, la peste, la tuberculose, le tétanos, la lèpre, la scarlatine. Grâce aux antibiotiques, fabriqués à partir d'autres bactéries, on sait mieux, aujourd'hui, soigner ces maladies.

D'autres sont causées par des virus.

C'est le cas de beaucoup de maladies infantiles, appelées ainsi car on les a surtout quand on est enfant.
Très contagieuses, elles provoquent des épidémies dans les classes. On ne les a qu'une fois car notre organisme fabrique alors des anticorps et sait ensuite se défendre. On dit qu'il est immunisé. La rougeole, la varicelle, la rubéole, les oreillons sont des maladies à virus, rarement très graves. Certaines grippes, la fièvre jaune, les hépatites, la poliomyélite sont plus graves. Apparu depuis 1980, le sida est encore mortel.
En général, les maladies à virus peuvent être évitées grâce à la vaccination.

Comment prendre des médicaments? On peut les avaler, en faire des applications locales, les injecter par des piqûres, les introduire à l'aide de suppositoires.

Une maladie à part : le cancer

Subitement, à un certain endroit du corps, des cellules se multiplient trop vite et n'importe comment, provoquant une «tumeur». On ne sait pas pourquoi elles se comportent ainsi. C'est un processus anarchique qu'il est parfois difficile de maîtriser. On essaie de détruire la tumeur, et l'on arrive ainsi désormais à guérir certains cancers.

Stramoine

Coquelicot

Belladone

Scille

Digitale

La découverte de Louis Pasteur.

Au XXᵉ siècle, Louis Pasteur, un savant français, réussit à détruire les bactéries dangereuses du lait en le chauffant à très haute température.
Le lait ainsi «pasteurisé» se gardait plusieurs jours.

La découverte du vaccin

Puis, s'intéressant aux maladies des êtres vivants, il découvrit qu'en injectant des microbes atténués, les microbes non seulement ne provoquaient plus la maladie mais permettaient à notre organisme de se protéger contre elle.
Pasteur avait découvert le principe de la vaccination et sauva de la rage son premier patient, Joseph Meister, âgé de neuf ans. Cet enfant avait été mordu par un chien enragé.

Comment lutter contre les maladies?

Les virus sont des microbes difficiles à tuer.

Aucun médicament, aucun antibiotique ne peut tuer un virus. Il n'est donc pas facile de s'en débarrasser! Le seul moyen de lutter est d'apprendre au corps à se défendre tout seul.

Tu as dans ton corps des «défenseurs» à mémoire : ce sont les anticorps fabriqués par les globules blancs. Ils neutralisent les ennemis en se fixant sur eux. Parfois, ils perdent la bataille. Mais s'ils gagnent, ils restent et se souviendront de leur agresseur plus tard.

Les vaccins agissent à l'avance.

Tu as sûrement été vacciné! On t'injecte, avec une seringue, une dose de virus très affaibli. Ton corps va fabriquer des anticorps que tu stockes. Plus tard, si tu es en contact avec le même virus, tu éviteras la maladie. Les bébés craignent davantage les maladies car leur corps n'est pas encore immunisé.

Fabrication d'un vaccin

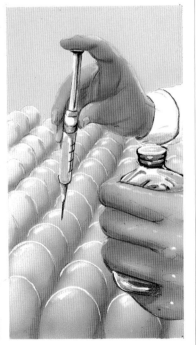

Un laboratoire de recherche

Plus tu grandis, plus tu rencontres de microbes, plus tu fabriques de défenses.

La recherche permet de trouver de nouveaux vaccins.

Depuis Pasteur, on a découvert de nombreux vaccins pour soigner la tuberculose, la diphtérie, le tétanos, ces maladies bactériennes qui étaient de véritables fléaux autrefois. Tu peux être vacciné maintenant contre toutes les maladies infantiles, sauf la varicelle. Il n'y a pas de vaccin contre cette maladie.
Il peut arriver que, même vacciné, on attrape la rougeole ou les oreillons de façon très atténuée.

Mais de nouveaux virus apparaissent! Le virus du sida a été isolé mais, malgré toutes les recherches de savants, il n'existe pas encore de vaccin contre ce virus. Cette maladie mortelle détruit les moyens de défense de l'organisme. Impossible alors de se protéger contre la moindre infection, et on finit par en mourir.

Ces centaines d'œufs servent à fabriquer des vaccins contre la grippe. En effet, pour fabriquer le vaccin, il faut cultiver le virus sur de la matière animale vivante : on utilise des œufs de poules fécondées (ci-contre).

On ne peut pas te soigner à la maison.

A l'hôpital, vingt-quatre heures sur vingt-quatre, infirmiers et médecins se relaient jour et nuit pour soigner.

Tout est sur place. On ne perd pas de temps. Tous les spécialistes sont présents, chacun connaissant mieux une maladie ou une partie du corps.

Ambulance

Les analyses de sang et d'urine, qui permettent de détecter une maladie, sont immédiatement envoyées au laboratoire de l'hôpital.

Une salle des «urgences» est prévue pour les cas où il faut agir très vite.

On peut faire des radiographies avec des appareils très perfectionnés.

La salle d'opération s'appelle le bloc opératoire.
Tout le monde est en bleu ou en vert car le blanc serait trop éblouissant sous les Scialytiques, ces grosses lampes d'éclairage.

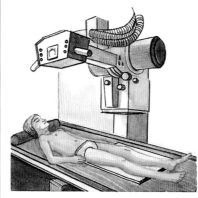

La radiographie

Le chirurgien a décidé d'opérer?

Tu es un peu inquiet mais l'anesthésiste qui va t'endormir, et le chirurgien qui va t'opérer viennent t'expliquer comment cela se passera et te rassurent. Ainsi, tu pars courageux et détendu vers le bloc opératoire.

L'anesthésiste te fait respirer un produit qui t'endort.

L'anesthésiste te fait une piqûre et avant même d'avoir fini ta phrase, tu t'endors comme sur un petit nuage.

Et quand tu te réveilles, tout est fini même si le moment du réveil est toujours un peu difficile.

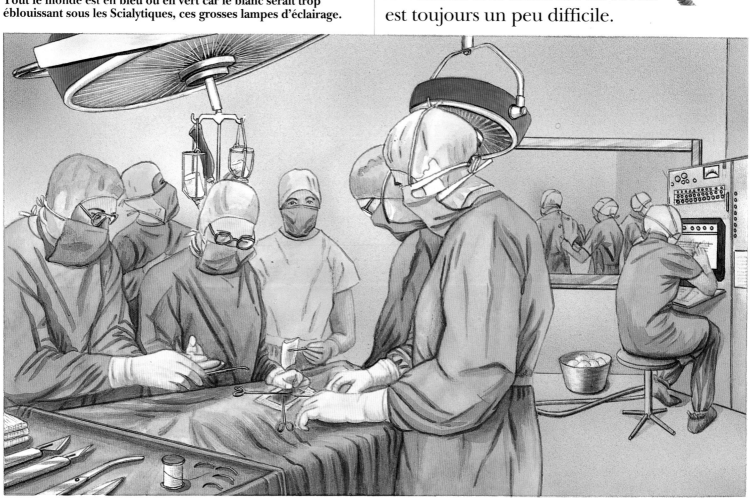

Il faut t'hospitaliser.

Une journée d'hôpital

Très vite, tu vas mieux. A l'hôpital, dans le service où tu te trouves, il n'y a que des enfants : c'est un service de «pédiatrie». C'est très réconfortant de voir que l'on n'est pas le seul à être malade. Souvent, tu as un compagnon dans ta chambre.

Le matin est consacré aux examens et à la visite du médecin.

L'hôpital n'est pas toujours très reposant! On te réveille très tôt car il y a beaucoup à faire le matin : tous les examens de contrôle, les radios…

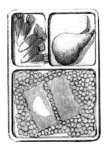

Parfois, tu es encore un peu fatigué pour marcher, aussi une infirmière te pousse-t-elle dans un petit fauteuil roulant. C'est le moment aussi où les médecins viennent te rendre visite et vérifier que tu te rétablis bien.

L'après-midi, tu peux recevoir les visites de ta famille et de tes amis.

Comme on dîne très tôt à l'hôpital, il te reste un moment pour lire ou regarder la télévision.

Ce n'est pas toujours facile de s'endormir le soir car il y a souvent du bruit et de la lumière, mais c'est rassurant de savoir que l'on veille sur toi.

Des salles de jeux et même des salles de classe sont prévues pour les enfants qui doivent être hospitalisés longtemps! Tu peux donc te faire des amis.

Quand tu rentres à la maison, après un séjour à l'hôpital, tu as bien des choses à raconter. Souvent, tu as même pris quelques centimètres!

Le matin, le médecin te rend visite.

On peut passer de bons moments dans la salle de jeux.

Des personnes viennent faire la classe aux enfants qui restent longtemps.

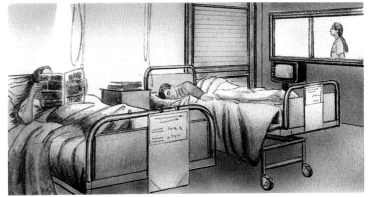

La nuit, tout est calme dans l'hôpital.

Ton corps est comme une belle machine...

Une belle machine magnifiquement réglée, mais dont il faut prendre soin!

Parfois, bien sûr, survient une panne, petite ou grosse et il faut réparer. La médecine a fait tant de progrès que l'on sait maintenant réparer beaucoup de pannes!

Tout cela, c'est vivre.

Pour vivre il faut prendre soin de son corps en respectant un certain nombre de règles : bien manger, dormir, se laver...

Rien de tel que de pratiquer un sport que tu aimes : l'exercice physique est indispensable au corps.

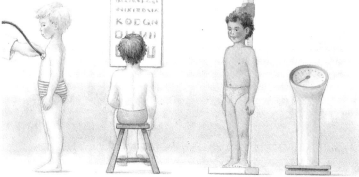

Chez le pédiatre, médecin des enfants, la taille, le poids, la vue et les vaccins sont vérifiés régulièrement.

Il faut se laver chaque jour. On enlève la vieille couche de sébum : une nouvelle la remplace aussitôt, toute neuve.

Il est bon de faire des efforts, de chercher à progresser, d'exercer son corps et sa mémoire...

Chacun doit le faire selon ses goûts, ses possibilités et à son rythme. Parfois tu n'en as pas envie avant, mais tu es sûr d'en être content après!

Avoir un esprit sain dans un corps sain

Tout n'est pas parfait, mais cela ne doit pas nous empêcher d'avoir confiance en nous. Nous sommes tous différents, tous uniques au monde.

Sais-tu que les gens qui vivent le plus vieux sont ceux qui ont toujours gardé une activité? Il faut sans cesse aller de l'avant!

L'hygiène corporelle est très importante.

Pour grandir le mieux possible, il faut aussi se laver. Le savon chasse les microbes de ta peau, le dentifrice élimine ceux de tes dents, le Mercurochrome et l'alcool à 90° et désinfectent les petites écorchures.

Ton corps a besoin d'exercice.

Tu dois absolument le faire travailler en faisant du sport, sinon la machine se rouille.

Attention aux mauvaises positions du dos!

Il faut aussi manger de tout.

Ni trop ni trop peu, tous les jours, sans oublier les vitamines! Malheureusement, chaque année, des milliers de personnes meurent de sous-alimentation parce qu'il manque de quoi les nourrir dans leurs pays. Affaibli, leur corps est incapable de se défendre contre les microbes.
Il est indispensable de commencer par un vrai petit déjeuner, pour donner de l'énergie à ton corps qui n'a rien reçu depuis la veille.

Dormir suffisamment

Tu dois laisser ton corps se reposer afin qu'il grandisse bien. Ne te couche pas tard, car les heures de sommeil avant minuit sont les meilleures.

Des révisions régulières.

Comme un moteur, notre corps a besoin de révisions. Il faut que le pédiatre vérifie régulièrement que tout se passe bien.

Ton histoire médicale est inscrite dans un carnet de santé que le médecin remplit à chaque visite.

On emmène un bébé chez le pédiatre tous les mois car, à cet âge, tout change très vite. C'est le moment de faire les vaccins. Puis viendront les rappels. Il faut s'occuper soigneusement de tout cela. Deux fois par an, le dentiste vérifie l'état de tes dents et te donne du fluor pour éviter les caries.

Mais ces précautions ne suffisent pas.

Il te faut l'affection et l'amour de ceux qui t'entourent, et pour cela il n'y a pas de recette!

Les rythmes de la vie

Notre corps fonctionne selon ses rythmes propres, qui suivent le jour, la nuit, les saisons, la chaleur, le froid. Certaines personnes sont plus actives le soir et préfèrent se réveiller tard le matin. D'autres sont du matin et aiment se coucher tôt. D'autres encore doivent travailler la nuit, comme les infirmières, les ouvriers des usines qui fonctionnent vingt-quatre heures sur vingt-quatre.

Les animaux ont aussi leurs rythmes.

Le chat dort aussi bien le jour que la nuit. Les animaux sauvages qui craignent des ennemis ne font pas de longs sommes : la girafe ne dort pas plus de dix minutes d'affilée. Mais les singes et les oiseaux dorment plus de douze heures de suite! Les plantes vivent selon un rythme qui suit les variations de la lumière. Pâquerettes, tulipes, nénuphars ferment leurs pétales en attendant le matin.

Ton organisme est réglé comme une horloge.

Nous avons tous une «horloge interne». Pendant la nuit, beaucoup de mécanismes fonctionnent dans ton corps. Le matin, ta température est toujours plus basse que le soir. L'activité de la journée la fait monter.

Quand tu voyages dans d'autres pays et que tu changes d'heure, il faut quelques jours pour que ton «horloge interne» se règle sur ta montre!

Selon les saisons

Certains animaux s'endorment pour tout l'hiver. Pour nous, il est pénible de se lever le matin, quand il fait encore nuit! Au printemps, la chaleur revient et réveille les plantes, qui peuvent donner des allergies. L'été, nous faisons, grâce au soleil, des provisions de vitamine D, indispensable pour affronter l'hiver. En automne, l'activité des animaux ralentit, et toi, tu rentres en classe!

Des informations étonnantes,  un quiz,
des idées d'activités, des records, des poésies,
des expressions amusantes,
un petit dictionnaire...

Pour en savoir plus

Des fêtes pour célébrer les naissances

Dans certains pays, on fabrique de merveilleux pains décorés à l'occasion d'une naissance. Parfois, la forme du pain rappelle celle du placenta grâce auquel se nourrissait le fœtus.

En Afrique,

des tribus enterrent le placenta au pied d'un arbre. Ce bananier a été planté le jour de la naissance de ce petit garçon, au-dessus de son placenta. C'est son arbre!

Dans les pays chauds, les bébés n'ont pas besoin de beaucoup de vêtements.

De drôles de berceaux

Les Indiens d'Amazonie font dormir les bébés dans des hamacs suspendus au-dessus du sol. Ce sont eux qui les ont inventés, mettant ainsi leurs enfants à l'abri des bêtes qui grouillent sur le sol.

Berceau chinois, sorte de hamac en tissu

En Mongolie, le bébé dort sur les tapis de la grande tente familiale.

Les bébés de chez nous, aujourd'hui comme autrefois, dorment dans des berceaux qui roulent ou se balancent.

Au Japon, les parents qui travaillent aux champs emmènent leurs bébés dans ce curieux panier.

Bébés d'autrefois

Longtemps les bébés ont été emmaillotés dans une large bande. Ils ne pouvaient bouger ni les bras ni les jambes. Quand une mère ne pouvait pas allaiter son bébé, elle le confiait à une nourrice.

Nouveau-né du XIIe siècle   **Bébé dans la Rome antique**

Les premiers biberons

datent du XVIIIe siècle. C'étaient des cornes percées, remplies de lait de vache.

Bébé vers 1900

Vers 1850, les bébés purent enfin gigoter dans de larges robes qui ne gênaient pas leurs mouvements.

Enfants au XIXe siècle

De nos jours, les bébés sont rapidement très débrouillards et on les habille vite comme des grands.

■ Le sommeil partagé

Au Moyen Age, peu de gens avaient un vrai lit. Toute la famille dormait sur le même matelas de paille ou de feuilles.

Jusqu'au XVIIIᵉ siècle, les enfants dormaient dans le lit de leurs parents. Puis ils ont partagé leur propre lit avec leurs frères et sœurs.

Lit fermé breton

Vers le milieu du XVIIIᵉ siècle, une nouvelle pièce apparut dans les maisons : la chambre à coucher, avec des lits plus étroits.

Il y a moins de cent ans qu'un enfant dort seul dans un lit, et depuis peu de temps, il dort parfois seul dans sa chambre.

Les Japonais dorment sur un tatami, fait de chaume de riz, qui est roulé dans la journée.

A chaque pays ses coutumes. Il existe bien des façons de se coucher.

Les Lapons dorment sur un matelas de branchages recouvert de peaux de renne.

Au Maroc, on dort sous la tente, sur des tapis, enroulé dans une couverture.

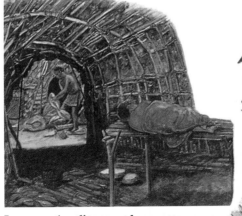

Les pygmées disposent leur natte sur une sorte de plate-forme qui les isole des bêtes.

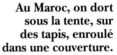

En Inde, on sort son lit sur le trottoir quand il fait trop chaud.

En voyage, les Tibétains s'enveloppent dans des couvertures.

Lits du temps jadis
Les lits d'autrefois étaient très décorés.

Lit égyptien

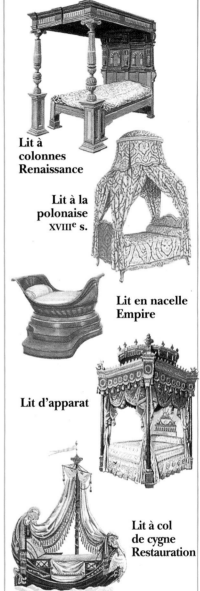

Lit à colonnes Renaissance

Lit à la polonaise XVIIIᵉ s.

Lit en nacelle Empire

Lit d'apparat

Lit à col de cygne Restauration

Dans nos pays, le lit est composé d'un sommier et d'un matelas.

Dors-tu dans un lit superposé comme celui-ci ?

Le jeu des ressemblances

A ta naissance, c'est la première question que se sont posée tes parents. A qui ressemble-t-il? De nos parents, nous avons tous reçu la couleur de notre peau, de nos yeux, de nos cheveux, la forme du visage, la taille… Nous avons hérité de tout cela : c'est ce que l'on appelle l'hérédité. Elle est transmise par les gènes.

Regarde les yeux.

Les yeux marron sont bien plus répandus dans le monde que les yeux bleus. Attention! il peut y avoir plusieurs couleurs dans un même œil.

Yeux bruns   **Yeux verts**

Yeux gris   **Yeux bleus**

Enquête dans ta famille et essaye de voir et de deviner quels gènes tu as reçus et de qui. Mais n'oublie pas que pour chaque caractère, tu as reçu des gènes de ton papa et des gènes de ta maman, qui en avaient reçu de leurs parents, donc tu peux avoir le nez de ta grand-mère!

Peux-tu rouler ta langue en gouttière ou non?

«rouleur»   «non-rouleur»

Il faut te méfier. Tes yeux peuvent te tromper.

Ils sont parfois trahis par une illusion qui déforme le message : on appelle illusion d'optique des choses que l'on croit voir et qui n'existent pas.

1. Selon toi, ces deux formes sont-elles semblables? Reproduis la forme de l'une sur du papier calque et essaie de la superposer à l'autre.

2. Ces 2 lignes sont-elles parallèles? Oui.

3. Quel est le personnage qui te semble le plus grand? Mesure-les avec une règle pour vérifier si ta réponse est juste.

4. Les surfaces des petits carrés sont-elles identiques? Oui.

5. Fixe les carrés noirs pendant un moment.
Tu verras des points gris apparaître aux intersections. Si tu recules encore, les taches seront encore plus visibles.

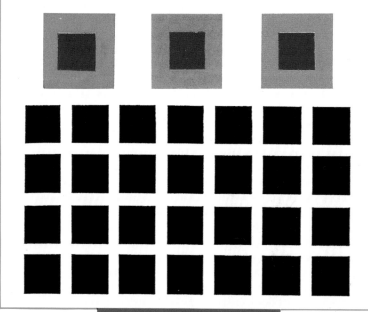

Tes empreintes digitales
ne ressemblent à celles de personne d'autre.

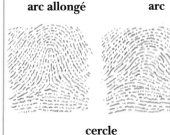
arc allongé   **arc**

cercle

spirale   **boucle**

Pour prendre ton empreinte, noircis bien une feuille de papier avec un crayon tendre. Frotte l'index dessus. Puis applique un morceau de papier collant sur ton doigt. Enlève-le et colle-le sur du papier blanc. Tu verras à quel dessin ressemble ton empreinte. Elle peut se rapprocher d'un de ces types de dessin.
Même les vrais jumeaux ont bien souvent des empreintes digitales différentes.

Le lobe de tes oreilles est-il collé ou non?

«collé»   «détaché»

Certains confondent le rouge et le vert, plus rarement le bleu. **Ils sont daltoniens.**

Peut-on faire une greffe d'œil?
Non, un œil entier est irremplaçable. On peut seulement pratiquer une greffe de la cornée : cette opération, bien au point maintenant, sauve la vue de bien des gens.

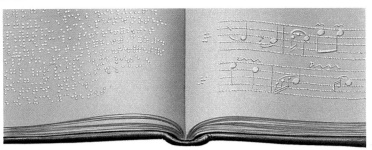

L'alphabet Braille

Les aveugles, ne voyant pas, sont donc incapables d'utiliser des livres comme toi. Comment faire ? Il existe des livres spéciaux, écrits avec un alphabet en relief : le braille. Les aveugles déchiffrent les pages des livres ou les partitions de musique en les effleurant du bout des doigts.
Ce système rend les livres un peu plus encombrants mais c'est formidable de pouvoir lire quand même!

L'animal ayant le plus gros œil est le calmar géant. Son œil a un diamètre de 38 cm.

Le mâle du bombyx du mûrier a des antennes portant des milliers de sensilles sensibles aux odeurs.

Les chenilles sont couvertes de poils qui réagissent aux sons. Elles s'immobilisent au moindre bruit!

Le caméléon regarde dans deux directions à la fois, car ses yeux bougent dans tous les sens et indépendamment l'un de l'autre.

Tarsier spectre

Caméléon

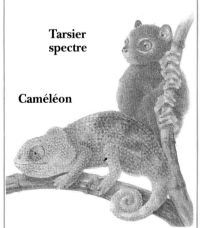

Le tarsier spectre, petit lémurien nocturne, est le mammifère qui a les plus grands yeux par rapport à sa taille.

■ A propos du cœur, comment examine-t-on le cœur?

On peut écouter les battements avec un stéthoscope. Mais un électrocardiogramme permet de voir enregistrée l'activité du cœur.

Il arrive qu'un cœur ne fonctionne plus bien

ou qu'il ait un défaut de naissance. Parfois il est possible de le soigner mais quelquefois il n'y a qu'un seul moyen de sauver la vie de cette personne malade : au cours d'une longue opération très délicate, il faut enlever le cœur malade et le remplacer par le cœur en bon état de quelqu'un qui vient de mourir accidentellement. Cela s'appelle une greffe de cœur et cela réussit très souvent.

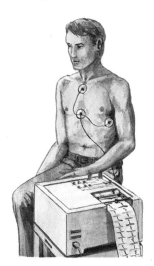

Lors de graves brûlures, la peau n'est plus capable de se reformer toute seule car les tissus sont trop abîmés. On pratique alors une greffe de peau : on prélève une mince bande de peau sur un endroit sain du corps et on le «recolle» sur la peau blessée pour l'aider à cicatriser.

Certaines personnes, très peu, n'ont pas de pigments du tout : leurs cheveux sont blancs, avec des yeux roses et une peau très claire. Ce sont des **albinos**.
C'est rare chez les hommes mais plus courant chez les animaux : tu connais bien les lapins et les souris albinos avec leurs yeux roses!

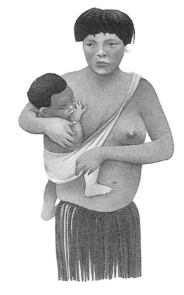

Noire, cuivrée, jaune, café au lait, blanche, d'ou vient la couleur de la peau?

Elle est toujours colorée par un seul pigment : la mélanine.

Dans une peau claire, la mélanine est concentrée dans un petit espace de la cellule de la peau. Dans une peau foncée, la mélanine s'étale, rendant la cellule foncée. Ce n'est donc pas la quantité de mélanine mais sa répartition qui donne une peau plus ou moins foncée.

Connais-tu le dernier microbe utile?

C'est un microbe qui dévore des voitures. Il fallait trouver une solution pour se débarrasser des 3 millions de petites voitures en plastique venant de l'Allemagne de l'Est, qui polluent l'atmosphère avec leur gaz d'échappement. Deux biologistes allemands viennent de trouver une bactérie qui peut ronger cette carrosserie : il lui faut 20 jours pour venir à bout de 650 kg. Il y a donc bien des microbes utiles!

Les rythmes du cœur

A la naissance, le cœur des bébés bat très vite : 140 battements par minute. Celui d'un adulte bat à environ 80 battements par minute. Lorsque tu fais un effort physique, ton rythme cardiaque s'accélère. Il n'est pas bon que le rythme cardiaque soit trop lent ou trop rapide. Quand tu as de la fièvre, ton cœur bat plus vite. Si tu as très peur, il peut s'arrêter une seconde puis repartir : c'est une syncope.

Tu n'entends pas tous les sons.
Parmi les sons que tu entends, certains sont plus aigus. Leur hauteur dépend de leur fréquence, c'est-à-dire du nombre de vibrations des ondes par seconde ; l'unité de mesure est l'«hertz» (Hz). En dessous de 20 Hz ils sont trop graves : ce sont les **infra-sons**. Le son de ta voix se situe entre 200 et 4 000 Hz. Un bébé à la naissance, tout comme le chat, peut entendre des sons jusqu'à 30 000 Hz, un enfant jusqu'à 20 000 Hz, un adulte de 30 ans jusqu'à 16 000 Hz, un homme de 50 ans jusqu'à 8 000 Hz et un vieillard de 80 ans jusqu'à 4 000 Hz seulement. Au-dessus de 20 000 Hz l'oreille humaine n'entend plus, les sons sont trop aigus : ce sont les **ultra-sons**.

Un chien peut entendre jusqu'à 40 000 Hz et les dauphins et les chauves-souris entendent jusqu'à 150 000 Hz. Ce sont les champions de l'ultrason!

L'opossum tombe dans une sorte de sommeil hypnotique en présence d'un serpent.

Un sommeil très particulier
L'hypnose est un sommeil provoqué par des gestes, des paroles particulières. Les personnes hypnotisées ont l'air d'être endormies mais obéissent aux ordres qu'on leur donne. Certains animaux sont aussi capables d'en hypnotiser d'autres et en profitent pour les manger. Ainsi, la mangouste fascine le serpent et sort victorieuse du combat.

Pour communiquer entre eux, les sourds utilisent un alphabet gestuel.
Ils sont très rapides et se comprennent parfaitement. Mais ils lisent aussi sur les lèvres. Il existe maintenant des appareils très perfectionnés qui leur permettent de percevoir certains sons.

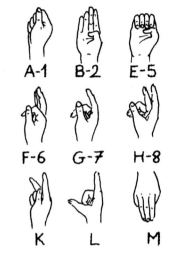

Certaines drogues proviennent de plantes, d'autres sont chimiques.
Toutes les drogues agissent sur les neurones, ces cellules nerveuses qui relient toutes les parties de ton corps à ton cerveau. Peu à peu, les drogues détruisent ces neurones, sans que l'on s'en rende compte. Et il faut savoir qu'un neurone détruit est détruit pour toujours. Il ne se reforme jamais!

■ Quiz

Pour chacune de ces questions, il n'y a qu'une bonne réponse. Trouve-la et regarde ensuite les solutions en bas de page suivante. Joue avec tes amis.

1. Dans le ventre de sa maman, le cordon ombilical sert au bébé à…
  a) se tenir
  b) se nourrir
  c) se muscler

2. Lequel de ces organes ne se met à fonctionner qu'au moment de la naissance?
  a) le cœur
  b) le cerveau
  c) les poumons

3. Le bébé commence à entendre…
  a) dans le ventre de sa mère
  b) juste à la naissance
  c) quelques jours après

4. Combien de gènes possède un être humain?
  a) environ 50 000
  b) plus de 10 millions
  c) 23 paires

5. Au niveau du cœur, le sang propre et le sang sale…
  a) se mélangent parfois
  b) ne se mélangent jamais
  c) se mélangent sans arrêt

6. Où le son se propage-t-il le plus vite?
  a) dans le vide
  b) dans l'eau
  c) dans l'air

7. Quel organe de notre corps a besoin de microbes pour l'aider à fonctionner?
  a) le cerveau
  b) le cœur
  c) l'intestin

8. Le mot «virus» est un mot qui vient du latin et qui veut dire…
  a) poison
  b) vivant
  e) minuscule

9. Lequel de ces outils est très incommode pour un gaucher?
  a) un couteau
  b) une scie
  c) une paire de ciseaux

10. La taille de la pupille, au centre de l'œil, varie selon…
  a) l'âge
  b) ce à quoi on pense
  c) la quantité de lumière

11. Le fait d'avoir deux yeux permet…
  a) de voir les détails
  b) de voir sur les côtés
  c) de voir le relief

12. Quelqu'un qui voit bien ce qui est près et mal ce qui est loin est…
  a) myope
  b) hypermétrope
  c) daltonien

■ Vrai ou faux?

1. Les anticorps sont des sortes de virus.

2. Ne pas prendre de petit déjeuner le matin fait maigrir.

3. Les vitamines se trouvent dans le corps humain.

4. Les gènes sont si petits qu'on ne les voit pas, même au microscope.

5. La science qui étudie les ressemblances entre parents et enfants s'appelle la «génétique».

6. Mis bout à bout, tous les vaisseaux de ton corps mesureraient 150 000 km.

7. Les antibiotiques tuent les bactéries et les virus.

8. Le sexe d'un bébé est déterminé à la minute de la fécondation.

9. Il existe en réalité 2 cœurs bien séparés, un cœur droit et un cœur gauche.

10. Les veines partent du cœur et les artères arrivent au cœur.

11. Les globules sont fabriqués dans la moelle des os.

12. Un seul œil suffit pour voir en relief.

■ Sais-tu répondre à ces questions?

1. Connais-tu certains hommes célèbres qui étaient gauchers? Le peintre Léonard de Vinci, le musicien Ludwig van Beethoven, l'acteur Charlie Chaplin.

2. Qu'appelle-t-on un «ambidextre»? C'est une personne qui est aussi habile des deux mains.

3. Quels sont les plus petits hommes normaux vivant sur terre? Ce sont les pygmées d'Afrique. Ils ne dépassent pas 1,45 m.

Réponses :

Quiz
1.b - 2.c - 3.a - 4.a - 5.b - 6.b - 7.c - 8.a - 9.c - 10.c - 11.c - 12.a

Vrai ou faux
1. Faux. Les anticorps sont les substances que le corps fabrique pour se défendre.
2. Faux. Le corps a besoin d'énergie car il n'a eu aucun carburant depuis la veille.
3. Faux. On ne les trouve que dans la nourriture.
4. Vrai.
5. Vrai.
6. Vrai. Presque 4 fois le tour de la terre.
7. Faux. Uniquement les bactéries.
8. Vrai.
9. Vrai.
10. Faux. C'est l'inverse.
11. Vrai.
12. Faux. Il faut les deux.

■ Petit dictionnaire

Accoucher : donner naissance à un enfant.

Anesthésie : c'est un sommeil artificiel. Le docteur endort le patient avant une opération chirurgicale pour qu'il ne souffre pas.

Antibiotiques : ce mot est formé de 2 racines grecques («anti» : contre, «bios» : la vie). Un antibiotique détruit la vie des bactéries. Tous les médicaments avec un nom se terminant en «mycine» sont des antibiotiques.

Artères : ce sont de gros vaisseaux sanguins qui partent du cœur. Le sang y circule à forte pression.

Bactéries : en grec, bactérie veut dire «petit bâton». Très résistantes : on a découvert une bactérie vivant à 41 100 m d'altitude ; certaines bactéries vivent à une température de 306° C dans des volcans sous-marins sous l'océan Pacifique!

Caillot : petite masse de sang coagulé, c'est-à-dire solidifié. Une veine ou une artère peuvent être bouchées par un caillot.

Cal : l'os fabrique lui-même de la nouvelle substance osseuse pour ressouder les 2 morceaux d'un os fracturé.

Carie : petit trou qui attaque l'émail puis l'ivoire de la dent.
Il faut se brosser les dents régulièrement de haut en bas pendant 2 bonnes minutes. Le fluor rend aussi les dents plus solides. Les habitants des régions volcaniques où il y a beaucoup de fluor ont des dents en très bon état!

Cartilage : substance recouvrant le bout des os aux articulations.

Cholestérol : substance grasse, que l'on trouve dans le sang, qui peut provoquer des accidents cardio-vasculaires.

Chromosomes : au cœur de chaque cellule de notre corps il y a un noyau. Au centre de ce noyau, une espèce de pelote de fins filaments : c'est une pelote de «chromosomes». Il y en a 23 paires donc 46 dans chacune de nos cellules.

Colonne vertébrale : tige osseuse verticale articulée qui soutient l'ensemble du squelette.

Cordon ombilical : dans l'utérus, le bébé ne se nourrit pas par la bouche mais par le cordon ombilical qui le relie au placenta.

Couveuse : on met un nouveau-né fragile ou un bébé prématuré dans une couveuse, un appareil où il sera au chaud et à l'abri des maladies.

Dentition : formation et sortie des dents depuis la petite enfance jusqu'à l'adolescence.

Denture : ensemble des dents.

Entorse : distension violente du ligament d'une articulation.

Fécondation : c'est le moment où un spermatozoïde pénètre dans l'ovule de la maman, la première cellule du futur bébé se forme.

Fœtus : après 8 semaines, l'embryon devient fœtus, et ceci jusqu'à l'accouchement.

Fontanelle : entre les os du sommet du crâne du nouveau-né, il y a un petit espace qui se fermera doucement au cours de la croissance.

Foulure : légère entorse.

Gènes :
les chromosomes sont formés de «gènes». Chaque individu en a entre 50 000 et 100 000! Les chromosomes sont comme une mémoire d'ordinateur. Les gènes qu'ils portent sont les plans de fabrication de tout notre organisme, avec nos caractéristiques et celles de notre espèce!

Globules : cellules minuscules de forme arrondie rouges ou blanches, contenues dans le sang.

Greffe : quand un organe est malade, on le remplace par un autre en bon état prélevé sur le corps de quelqu'un qui vient de mourir, généralement par accident.

Hormones : ce sont des substances chimiques fabriquées par des petites glandes. Elles contrôlent le fonctionnement de notre corps sans arrêt : d'abord le développement du bébé dans le ventre de sa mère, puis la croissance, puis le passage à l'âge adulte… Elles agissent en se déversant directement dans le sang, qui les véhicule aux endroits appropriés.

Hypnose : sommeil artificiel.

Ligament : ensemble de fibres reliant les os entre eux.

Lymphe : liquide incolore chargé de globules blancs qui circule dans des vaisseaux lymphatiques, doublant le réseau de vaisseaux sanguins.

Mammifères : le chien, la baleine sont des mammifères. La femelle a des mamelles qui donnent du lait pour nourrir les petits. Nous sommes aussi des mammifères.

Neurones : cellules nerveuses avec de longs prolongements qui s'emmêlent les uns dans les autres. Ainsi chacun des neurones établit avec ses voisins des milliers de connexions.

Oreillette : chacune des deux cavités supérieures du cœur.

Ovipare : se dit d'un animal qui se reproduit par des œufs.

Ovule : cellule reproductrice femelle.

Oxygène : nous ne pourrions pas vivre sans respirer de l'oxygène, un gaz incolore et inodore qui se trouve dans l'air.

Placenta : le placenta permet les échanges entre le fœtus et le sang maternel. Il est rejeté après la naissance, ne servant plus à rien.

Spermatozoïde : cellule reproductrice mâle.

Stéthoscope : instrument utilisé par le médecin pour écouter à l'intérieur de ton corps.

Tendon : tissu fibreux blanchâtre qui permet au muscle de se fixer sur un os.

Vaccin : moyen préventif de lutte contre certaines maladies à virus.

Veine : vaisseau ramenant le sang au cœur.

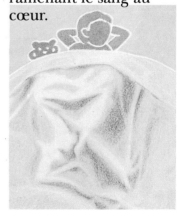

Ventricule : chacun des deux compartiments inférieurs du cœur.

Virus : microbe microscopique vivant en parasite dans les cellules infestées.

Virelai

Suis-je, suis-je, suis-je belle?
Il me semble, à mon avis,
Que j'ai beau front et doux viz[1]
Et la bouche vermeillette ;
Dites-moi si je suis belle.
J'ai verts yeux, petits sourcils,
Le chef blond[2], le nez traitis[3]
Rond menton, blanche gorgette ;
Suis-je, suis-je, suis-je belle?
…

Eustache Deschamps
Vertus

1. visage
2. la tête blonde
3. délicat

Le corps

Qui fait un? Moi tout seul
Qui fait deux? Les oreilles du vieux
Qui fait trois? Les yeux et le nez
Qui fait quatre? Les genoux et les coudes
Qui fait cinq? Les doigts d'une main
Qui fait six? Les narines, les jambes, les bras
Qui fait sept? Les trous dans la tête

Recueilli par P. J. Hélias
Le Cheval d'orgueil
Plon

Table des matières